大众汽车·奥迪汽车
技术详解及常见故障精析

凌凯汽车技术编写组　组织编写
于海东　主　编

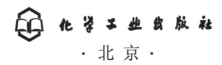
·北京·

图书在版编目（CIP）数据

大众汽车·奥迪汽车技术详解及常见故障精析/凌凯汽车技术编写组组织编写；于海东主编 . —北京：化学工业出版社，2019.4（2023.6重印）

ISBN 978-7-122-33988-1

Ⅰ.①大… Ⅱ.①凌…②于… Ⅲ.①汽车-故障诊断 Ⅳ.①U472.4

中国版本图书馆CIP数据核字（2019）第035261号

责任编辑：周　红　　　　　　　　　文字编辑：张燕文
责任校对：张雨彤　　　　　　　　　装帧设计：王晓宇

出版发行：化学工业出版社（北京市东城区青年湖南街13号　邮政编码100011）
印　　装：北京盛通数码印刷有限公司
787mm×1092mm　1/16　印张14　字数375千字　2023年6月北京第1版第6次印刷

购书咨询：010-64518888　　　　　　售后服务：010-64518899
网　　址：http://www.cip.com.cn
凡购买本书，如有缺损质量问题，本社销售中心负责调换。

定　　价：68.00元　　　　　　　　　　　　　　　版权所有　违者必究

前言
PREFACE

  国内大众、奥迪汽车的保有量在持续增多。大众、奥迪汽车维修技术的关注程度相比其他车系也更高。在各类推广平台上如头条号、百家号，我们发布的大众汽车维修技术的文章阅读量相当可观。目前大众汽车正从之前的 PQ 平台全面过渡到 MQB 和 MLB 平台，平台的过渡意味着汽车新技术的发展及应用。新技术的应用势必为汽车维修行业带来新的变革。为了满足广大汽车维修与检测相关人员不断获取新车型维修新技能的实际需求，我们以新技术剖析、案例分析等形式，撰写了《大众汽车·奥迪汽车技术详解及常见故障精析》一书。

  本书主要内容为一汽大众、奥迪汽车的发动机、底盘、变速器以及车身电气等系统的新技术剖析、常见故障和技术通报。在各部分开篇介绍大众、奥迪汽车各系统技术特点，如发动机部分先详细介绍两车系目前装配的 EA211 系列（三缸、四缸 1.0T、1.2T、1.4T、1.5L 和 1.6L）、EA888 系列（1.8T、2.0T）、EA837 系列（3.0TSI）、EA839 系列（3.0TSI）发动机的机械结构、特殊结构，以及发动机的共性问题，再对各车型发动机常见故障案例分析、排除进行详细介绍。底盘首先介绍大众、奥迪汽车所有手动变速器、双离合器变速器（前置前驱型 DQ200、DQ250、DQ380、DQ500，横置后驱型 DL382、DL501）等变速器异同点及特点，再对各车型变速器故障案例分析、排除方法进行详细介绍。

  本书资料新（所选年款均为主流车型较新年款，正处于维修期或即将处于维修期，同时兼顾目前最新款）、内容全（涵盖目前大众全部发动机、变速器、底盘等资料）、维修参考价值高。本书不仅适合广大维修工阅读使用，还适合各类汽车院校针对大众车型培训使用，同样适用于汽车爱好者了解大众汽车构造使用。

  本书由凌凯汽车技术编写组组织编写，于海东主编，参加编写的还有邓冬梅、邓晓蓉、邢磊、谭强。

  由于涉及的车型较多，技术较新，加之笔者水平有限，书中难免有不足之处，敬请广大读者批评指正。

编者

目录
Contents

第1章 发动机部分 / 1
1.1 大众、奥迪车系发动机技术特点 / 1
- 1.1.1 EA211 发动机参数及技术特点 / 1
- 1.1.2 EA888 发动机参数及技术特点 / 7
- 1.1.3 EA837/EA839 发动机参数及技术特点 / 13

1.2 大众、奥迪车系发动机技术通报 / 16
- 1.2.1 EA211 发动机 / 16
- 1.2.2 EA888 发动机 / 21
- 1.2.3 EA837 发动机 / 23

1.3 典型大众车系发动机故障案例 / 26
- 1.3.1 迈腾车系 / 26
- 1.3.2 速腾车系 / 33
- 1.3.3 CC 车系 / 37
- 1.3.4 高尔夫车系 / 43
- 1.3.5 宝来车系 / 48
- 1.3.6 捷达车系 / 52

1.4 典型奥迪车系发动机故障案例 / 56
- 1.4.1 奥迪 A4L 车系 / 56
- 1.4.2 奥迪 A6L 车系 / 58
- 1.4.3 奥迪 A8 车系 / 60
- 1.4.4 奥迪 Q5 车系 / 64
- 1.4.5 奥迪 Q7 车系 / 66

第2章 变速器部分 / 69
2.1 大众、奥迪车系变速器技术特点 / 69
- 2.1.1 大众车系手动变速器技术特点 / 69
- 2.1.2 大众双离合器变速器技术特点 / 70

2.2 大众双离合器变速器技术通报 / 74
- 2.2.1 DQ 系列变速器 / 74
- 2.2.2 DL 系列变速器 / 86

2.3 典型大众车系变速器故障案例 / 93
- 2.3.1 迈腾车系 / 93
- 2.3.2 速腾车系 / 97
- 2.3.3 CC 车系 / 101
- 2.3.4 捷达车系 / 103

2.4 典型奥迪车系变速器故障案例 / 106
- 2.4.1 奥迪 A4L 车系 / 106
- 2.4.2 奥迪 A6L 车系 / 108

2.4.3 奥迪 A8 / 111
2.4.4 奥迪 Q5 车系 / 113

第 3 章　底盘部分 / 120

3.1　大众、奥迪车系底盘技术特点 / 120
3.1.1 大众车系第五代四轮驱动离合器 / 120
3.1.2 2018 全新奥迪 Q5L 适时四驱系统 / 122
3.1.3 奥迪车系自适应悬架系统 / 126

3.2　典型大众车系底盘故障案例 / 132
3.2.1 迈腾车系 / 132
3.2.2 速腾车系 / 135
3.2.3 高尔夫车系 / 138
3.2.4 新宝来车系 / 141

3.3　典型奥迪车系底盘系统故障案例 / 143
3.3.1 奥迪 A4L 车系 / 143
3.3.2 奥迪 A6L 车系 / 146
3.3.3 奥迪 A8 车系 / 150
3.3.4 奥迪 Q5 车系 / 153
3.3.5 奥迪 Q7 车系 / 158

第 4 章　车身电气部分 / 162

4.1　大众、奥迪 48V 供电网和 48V 轻度混动系统 / 162
4.1.1 大众、奥迪 48V 供电网 / 162
4.1.2 大众、奥迪 48V 轻度混动系统 / 165

4.2　典型大众车系车身电气故障案例 / 167
4.2.1 迈腾车系 / 167
4.2.2 速腾车系 / 173
4.2.3 CC 车系 / 176
4.2.4 宝来车系 / 180
4.2.5 捷达车系 / 189

4.3　典型奥迪车系电气系统故障案例 / 195
4.3.1 奥迪 A4L 车系 / 195
4.3.2 奥迪 A6L 车系 / 200
4.3.3 奥迪 A8 车系 / 207
4.3.4 奥迪 Q5 车系 / 210
4.3.5 奥迪 Q7 车系 / 215

第1章

发动机部分

1.1 大众、奥迪车系发动机技术特点

目前大众、奥迪车型（包含斯柯达车系）采用的发动机主要有 EA211、EA888、EA837、EA839、EA824 这几个类型，各类型下又细分出不同排量、不同技术特点的发动机。

1.1.1 EA211 发动机参数及技术特点

目前大众、奥迪新款车型最常用的 EA211 发动机有 1.2T、1.4T、1.5L 三个排量，技术参数如表 1-1-1 所示。

表 1-1-1　EA211 发动机不同排量的参数

参数	1.2T	1.4T	1.5L
排量/mL	1197	1395	1498
功率/kW	81	95/110（高功率）	85
最高功率转速/(r/min)	5000	4000	6000±200
转矩/N·m	200	200/250（高功率）	150
最高转矩转速/(r/min)	2000～3500	1450～3500	4000±200
缸径/mm	71	80	74.5
冲程/mm	75.6	74.5	85.9
压缩比	10∶1	10.5∶1	11.0∶1
每缸气门数/个	4	4	4
增压	涡轮增压	涡轮增压	无
燃油喷射	缸内直喷	缸内直喷	进气道喷射
点火顺序	1-3-4-2	1-3-4-2	1-3-4-2

下面以 EA211 1.4T 发动机为例介绍其结构特点。

(1) 机体

① 气缸体和气缸套　EA211 发动机缸体采用敞顶式，铝合金压铸而成。这种类型的气缸体优点是气缸在较热时的冷却效果更佳；缸盖和缸体之间拧紧螺栓连接时，缸套的变形很小；对活塞环受力很有好处，且可降低机油消耗；缸体内浇铸有压力机油供应通道、机油回流通道和曲轴箱排气通道，这样就减少了附加部件的数目。缸套采用灰口铸铁材料，通过珩磨加工并经粗糙锻造技术与缸体贴合。气缸体组件如图 1-1-1 所示，气缸套组件如图 1-1-2 所示。

图 1-1-1　气缸体组件

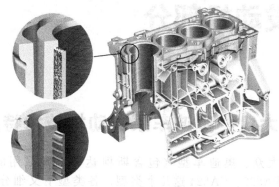

图 1-1-2　气缸套组件

② 气缸盖　EA211 1.4T 发动机气缸盖集成排气歧管，取消了带有歧管的三元催化器，靠近发动机侧安装了主三元催化器。冷却液进水口在气缸盖内，燃烧室冷却充分，减少了爆震的可能性。集成排气歧管式气缸盖及其冷却示意如图 1-1-3 所示。

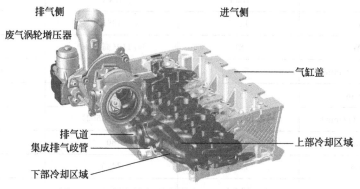

图 1-1-3　集成排气歧管式气缸盖及其冷却示意

③ 气缸盖罩盖（凸轮轴壳体）　气缸盖罩盖与两根凸轮轴加工在一起，形成模块化设计。将凸轮轴直接安装到气缸盖罩盖壳体内，结构更加紧凑，有利于发动机小型化布置。同时气缸盖罩盖上还开有机油加注口和高压燃油泵驱动开口，便于加注机油和安装高压燃油泵。气缸盖罩盖如图 1-1-4 所示。

(2) 曲轴连杆组件

EA211 1.4T 发动机曲轴连杆组件如图 1-1-5 所示。

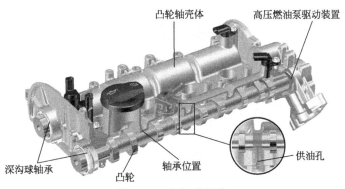

图 1-1-4　气缸盖罩盖

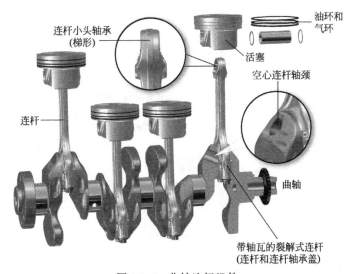

图 1-1-5　曲轴连杆组件

因 TSI 发动机承受的负荷较高，该发动机中使用锻钢曲轴。为减重，连杆轴颈采用空心设计。

连杆采用裂解工艺制成。在承受较低负荷的区域内，将连杆小头轴承设计为梯形。这样能进一步减少重量和摩擦力。

活塞由铝合金压铸而成，顶部采用扁平设计，这是因为取消了用于加强内部混合气形成的活塞壁导向件。取消这一导向件除了重量减轻外，燃烧产生的热量能够更均匀地在活塞顶上分配，从而防止缺火现象的发生。

活塞环由气环和油环组成，因活塞环的安装公差增加，由此减小了摩擦力。

(3) 配气机构与可变气门正时机构

① 配气机构　EA211 1.4T 发动机配气机构如图 1-1-6 所示。

发动机采用 4 气门设计，进气门以 21°角安装，排气门以 22.4°角安装。进、排气门均安装在燃烧室顶部，由带有液压挺柱的滚子摇臂驱动。

② 可变气门正时机构　所有 EA211 发动机都采用无级进气凸轮轴调节。输出功率为 103kW 或更高的高功率型发动机还采用无级排气凸轮轴调节。凸轮轴上的凸轮轴调节器根据发动机负荷和转速进行调节。由直接集成在机油回路内的凸轮轴调节阀进行调节。两个霍尔传感器用于识别调节角度。可变气门正时机构如图 1-1-7 所示。

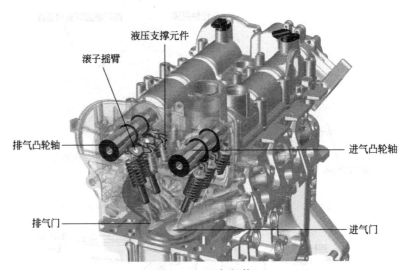

图 1-1-6 配气机构

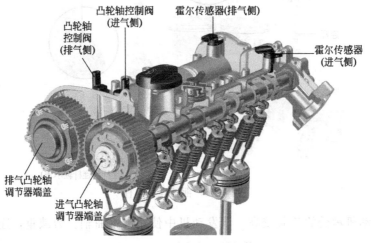

图 1-1-7 可变气门正时机构

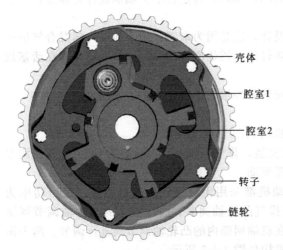

图 1-1-8 叶片式凸轮轴调节器

两个凸轮轴调节器功能相同,安装在凸轮轴驱动链轮内部。凸轮轴调节器内部安装有叶片式调节器。叶片式凸轮轴调节器如图 1-1-8 所示,由转子、壳体、腔室 1 和腔室 2 等组成。转子根据凸轮轴控制阀控制机油流入的腔室,机油流入腔室 1,在机油的压力下转子顺时针旋转,与转子连接的凸轮轴也顺时针旋转;机油流入腔室 2,在机油的压力下转子逆时针旋转,与转子连接的凸轮轴也逆时针旋转。从而调节进、排气门正时。

(4) 润滑系统

EA211 1.4T 发动机润滑系统如图 1-1-9

所示，主要由增压器供应油道、主油道、机油泵等组成。

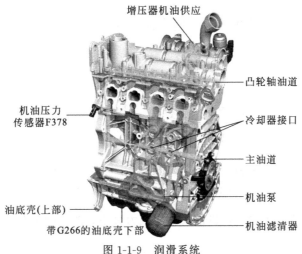

图 1-1-9 润滑系统

机油泵为可调节式外啮合齿轮泵，通过螺栓固定到油底壳的上部（图 1-1-10），且机油泵可根据负荷和发动机转速在两种压力（约 1.8bar❶ 和 3.3bar）下运行。该机油泵由曲轴通过免维护链条传动机构进行驱动，且不需链条张紧器。相应的机油压力根据泵送的机油量进行调节。

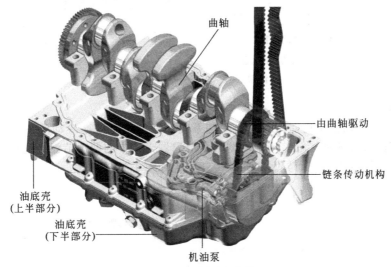

图 1-1-10 机油泵安装位置

可调节式外啮合齿轮泵的壳体和壳盖由铝合金制成，并且还有几个用于调节机油压力的控制通道。控制活塞和滑动装置会通过控制通道对来自机油回路的机油进行施压，根据这一情况，泵送的机油量和机油压力会发生变化。可调节式外啮合齿轮泵如图 1-1-11 所示。

机油被泵送至两个相互啮合的齿轮（泵轮）。一个泵轮位于驱动轴上，由曲轴通过链条驱动。可纵向移动泵轮位于另一根轴上。泵轮和轴一起构成滑动装置。

如图 1-1-12（a）所示，当两个泵轮完全啮合时，机油输出压力最大。当滑动装置的泵轮

---

❶ 1bar＝0.1MPa

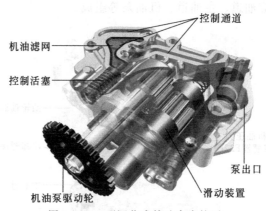

图 1-1-11 可调节式外啮合齿轮泵

移动到图 1-1-12(b) 所示位置时，机油泵输出压力最小。改变两个泵轮的啮合状态可增加或减小机油输出压力。

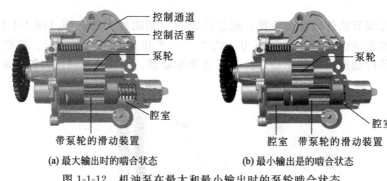

(a) 最大输出时的啮合状态　　(b) 最小输出是的啮合状态

图 1-1-12　机油泵在最大和最小输出时的泵轮啮合状态

（5）冷却系统

所有 EA211 发动机中均使用双回路冷却系统。在此系统中，冷却液在不同温度下通过各自的通道流经气缸体和气缸盖。温度调节由节温器壳体中的两个节温器进行控制。相应的冷却液温度因不同的发动机而异。双回路冷却系统如图 1-1-13 所示。

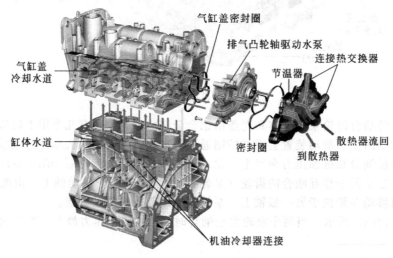

图 1-1-13　双回路冷却系统

发动机的双回路冷却系统通过集成在节温器壳体内的冷却液泵将冷却液泵送到气缸盖和气缸体中。节温器壳体安装在变速器侧的气缸盖上。冷却液泵由排气凸轮轴通过齿形带驱动。集成有冷却液泵的节温器壳体如图 1-1-14 所示。

节温器 1（气缸盖节温器）在 87℃ 或更高的温度下打开，即打开了从散热器至冷却液泵的通道。在 1.5L MPI 发动机中，当冷却液温度为 80℃ 或更高时，节温器即打开。

节温器 2（气缸体节温器）在 105℃ 或更高的温度下打开，即打开了从气缸体至散热器的热冷却液通道，整个冷却回路打开。

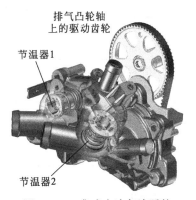

图 1-1-14 集成有冷却液泵的节温器壳体

1.1.2 EA888 发动机参数及技术特点

从 2006 年奥迪公司主导开发第一代 EA888 发动机到现在，EA888 发动机已经开发了到了 3B 阶段。各阶段主要特点和改进如表 1-1-2 所示。

表 1-1-2 EA888 各开发阶段主要特点和改进

开发代数	年份	主要特点和改进
1	2006	◆奥迪公司主导开发的第一代 EA888 发动机，排量有 1.8L 和 2.0L 两种 ◆燃油系统按需调节，缸内直喷 ◆双平衡轴 ◆进气歧管翻板 ◆正时链条驱动凸轮轴 ◆凸轮轴调节装置在进气侧 其余特点与大众集团的 EA113 发动机相似
2	2009	◆曲轴活塞优化设计 ◆链条张紧器设计更改 ◆曲轴箱通风设计更改 ◆可调式机油供给系统 ◆排气侧具有奥迪气门升程技术（AVS） ◆二次空气供给系统
3	2012	◆气缸盖集成排气歧管 ◆创新温度管理系统，采用调节元件调节发动机温度 ◆废气涡轮增压系统，带电动废气泄放阀 ◆进、排气相位可调 ◆燃油双喷射（MPI 和 FSI） ◆可控活塞冷却喷射管 ◆适用于 MQB 平台 ◆2014 年度沃德十佳发动机
3B	2016	◆新式 TFSI 燃烧技术 ◆进气侧具有奥迪气门升程技术（AVS） ◆替换 1.8L 发动机

目前大众、奥迪新款车型中 EA888 发动机有 1.8T 和 2.0T 两个排量，技术参数如表 1-1-3 所示。

表 1-1-3　EA888 发动机不同排量的参数

参数	1.8T			2.0T	
排量/mL	1798			1984	
功率/kW	125	132	132	140	185
最高功率转速/(r/min)	3800~6200	5100~6200	4500~6200	4200~6000	5000~6000
转矩/N·m	320	250	280	320	370
最高转矩转速/(r/min)	1400~3700	1250~5000	1350~4500	1450~4200	1600~4500
缸径/mm	82.5			82.5	
冲程/mm	84.1			92.8	
压缩比	9.6:1			11.65:1	9.6:1
气门数(个)	4			4	
增压	涡轮增压				
燃油喷射	燃油双喷射(进气歧管喷射和缸内直喷)				
点火顺序	1-3-4-2				
可调机油泵	有				

这里以 EA888 2.0T 发动机为例介绍其结构特点。

(1) 具有气门升程切换功能的气缸盖

EA888 发动机开发了全新气缸盖,将排气歧管集成到气缸盖中。这样废气再循环冷却可在气缸盖内进行,废气在气缸盖内流动。进气和排气凸轮轴有可变气门正时功能。排气凸轮轴还有气门升程切换功能,可使气门在两个不同的凸轮轮廓上打开和关闭。

冷却液温度传感器通过螺钉拧入变速器侧的气缸中。该传感器安装在气缸盖中最热的位置,它可准确地记录温度变化,防止冷却液沸腾。与 EA211 发动机不同的是 EA888 发动机凸轮轴安装在气缸盖内。具有气门升程切换功能的气缸盖如图 1-1-15 所示。

图 1-1-15　具有气门升程切换功能的气缸盖

(2) 可变气门升程技术 (AVS)

大众/奥迪可变气门升程技术主要通过排气凸轮轴上的电子气门上的气门升程切换以及

进、排气门凸轮轴上的可变正时实现对每个气缸气体交换的优化控制,发动机电子控制单元根据当前发动机负荷情况决定使用哪个凸轮。较小的凸轮仅用于低转速。

可变气门升程有以下好处:优化气体交换;防止废气回流到之前的180°排气缸;进气门打开的时间更早,气体填充程度更充分;通过燃烧室内的较少高压余气提升响应性;在较低转速和较高增压压力下达到更高的转矩。

大众/奥迪可变气门升程如图 1-1-16 所示。

① 凸轮轴构造　为了在排气凸轮轴上两个不同的气门升程之间相互切换,凸轮轴上安装有 4 个可移动凸轮件(带有内花键)。每个凸轮件上都装有两对凸轮,其凸轮升程是不同的。通过执行器对两种升程进行切换。执行器接合每个凸轮件上的滑动槽,并移动凸轮轴上的凸轮件。每个凸轮件有两个执行器用于在两种升程之间来回切换。

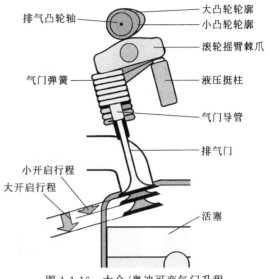

图 1-1-16　大众/奥迪可变气门升程

凸轮轴中的弹簧加载式球体将凸轮件锁定在其各自的端部位置。凸轮轴的滑动槽和轴向推力轴承会限制凸轮件的移动,如图 1-1-17 所示。

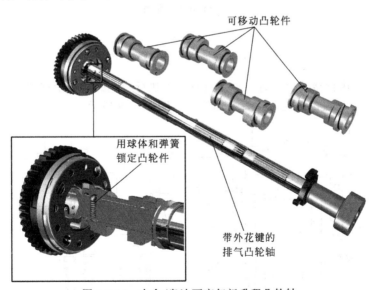

图 1-1-17　大众/奥迪可变气门升程凸轮轴

② 执行器　在两个电执行器(电磁阀)[气缸 1~4 的排气凸轮轴执行器(电磁阀)A/B] 的辅助下,排气凸轮轴上的每个凸轮件在两个切换位置之间被来回推动。每个气缸的一个执行器切换到更大的气门升程,另一个执行器切换到更小的气门升程。

每个执行器由发动机控制单元的接地信号启动,通过主继电器提供电压。执行器的电流消耗约为 3A,执行器的位置、结构与原理如图 1-1-18 所示。

当电流通过执行器电磁线圈时,金属销在 18~22ms 内被移动。伸展的金属销接合到排气凸轮轴上凸轮件的相关滑动槽中,并通过凸轮轴旋转推动滑动槽到相应的切换位置。销通过机械方式在滑动槽(相当于一个复位斜面)的作用下缩进去。

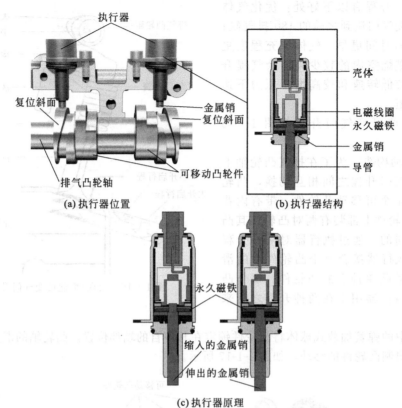

图 1-1-18　执行器位置、结构与原理

凸轮件的两个执行器被启动时,总是只有一个执行器上的金属销移动。

③ 发动机转速低时的凸轮轴位置及切换　如图 1-1-19 所示。

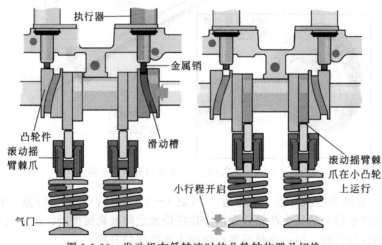

图 1-1-19　发动机在低转速时的凸轮轴位置及切换

为了使这个负载范围内的气体交换性能更佳,发动机管理系统通过凸轮轴调节器将进气凸轮轴提前,将排气凸轮轴延迟。气门升程切换至更小的排气凸轮轮廓,而且右执行器移动

金属销。它接合滑动槽，并将凸轮件移至小凸轮轮廓。

气门现在沿着较小的气门轮廓上下移动。两个小凸轮的位置在某种程度上是交错的，确保气缸两个排气门的开启时间是错开的。这两项措施会使在废气被从活塞中排到涡轮增压器中时，废气气流的脉动减小，从而可在低转速范围内达到较高的增压压力。

④ 发动机在部分负荷和全负荷下的凸轮轴位置及切换　如图 1-1-20 所示。

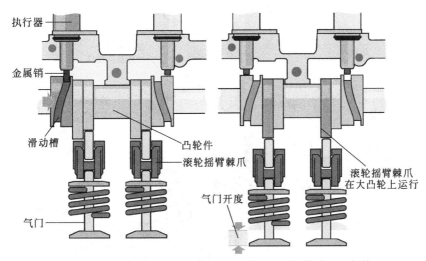

图 1-1-20　发动机在部分负荷和全负荷下的凸轮轴位置及切换

驾驶员踩加速踏板，并从部分负荷改变为全负荷。气缸内的气体交换必须适应更高的性能需求。发动机管理系统通过凸轮轴调节器将进气凸轮轴提前，将排气凸轮轴延迟。为达到最佳的气缸填充性能，排气门需要最大的气门升程。为达到此目的，左执行器被启动，由左执行器移动其金属销。

金属销通过滑动槽将凸轮件移向大凸轮。排气门现在以最大的升程打开和关闭。凸轮件也通过凸轮轴中的弹簧加载式球体被固定在此位置。

（3）创新型热能管理系统

热能管理是针对发动机和变速器的一项智能冷启动和暖机程序，可对冷却液液流进行目标控制，热能管理系统的核心元件是带冷却液泵的旋转阀组件（图 1-1-21）。

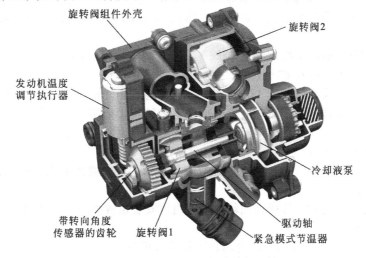

图 1-1-21　带冷却液泵的旋转阀组件

带冷却液泵的旋转阀组件由冷却液泵、两个旋转阀、紧急模式节温器、发动机温度调节执行器、带转向角度传感器的齿轮等组成。

如图1-1-22所示，旋转阀1通过一根轴由发动机温度调节执行器直接驱动。旋转阀2通过一个中间齿轮（针齿轮）在旋转阀1上齿形门的作用力下运转。

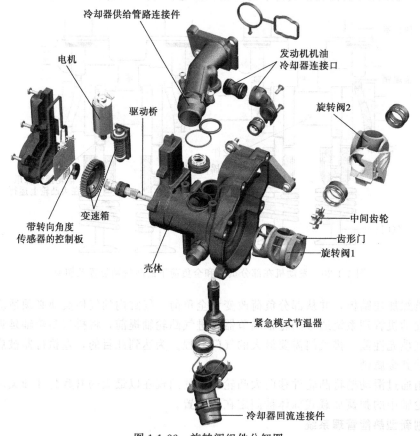

图1-1-22　旋转阀组件分解图

旋转阀1和2是通过机械方式联动的，在运转时会互相影响。另外节温器带有扩张元件，其功能是作为一项安全装置（紧急节温器），旋转阀系统发生故障时，在冷却液温度达到113℃下启动。

发动机控制单元通过电机控制旋转阀1，可实现不同开关位置，从而使发动机暖机更快，并将发动机温度保持在86～107℃之间。

当旋转阀1上的齿形门处于145°位置时，它会通过中间齿轮驱动旋转阀2。冷却液液流流向气缸体，随着旋转阀2旋转，液流增加。当旋转阀1处于85°位置时，旋转阀2在达到其最大旋转角度时断开连接，冷却液液流流向气缸体的通道完全打开。

（4）燃油双喷射技术

EA888发动机从第3代开始引入燃油双喷射技术，兼具高压缸内直喷（FSI）和进气歧管多点喷射（MPI）。

燃油双喷射高压直喷和低压进气歧管喷射组件安装位置如图1-1-23所示。

双喷射运行模式如下。

① 发动机启动时　当发动机冷启动且冷却液温度低于45℃时，每次发动机启动，在压缩冲程，通过高压喷油器进行缸内直喷。

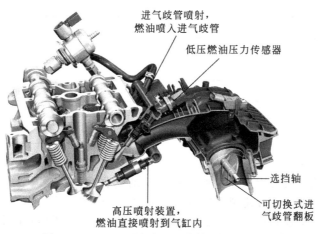

图 1-1-23 EA888 发动机双喷射组件安装位置

② 暖机后 此阶段，在进气和压缩冲程，低压系统和高压系统同时喷射。点火提前角有一定的延迟。

③ 发动机低负荷范围 发动机温度高于 45℃，且发动机在低负荷范围内运行，燃油喷射切换到低压喷油系统，高压喷油系统关闭。

④ 发动机全负荷下 在此工作状态下，基于高性能模式，燃油系统切换至高压喷油和低压喷油共同工作模式。在进气和压缩冲程，进行燃油双喷射。

⑤ 紧急运行模式 如果任一喷油系统发生故障，发动机使用另一系统在发动机控制系统的管理下喷油，从而保证车辆继续行驶，组合仪表中的红色发动机故障报警灯点亮。

1.1.3 EA837/EA839 发动机参数及技术特点

EA837 第 4 代发动机是一款排量为 3.0L V 型 6 缸带机械增压、燃油双喷射发动机，广泛用在大众/奥迪高端 3.0 排量车型中。EA837 系列发动机于 2009 年首次使用在我国版的奥迪 A6 车型上，此后在奥迪 A7、A8、途锐等 3.0L 车型都有使用。

EA839 发动机是在 EA837 发动机的基础上进行技术升级而来的一款 3.0L V6 TFSI 发动机，这款发动机采用了双涡管涡轮增压器，除此之外，技术升级处还有机油循环中加入了节温器控制，气缸盖带有一体式排气管，并采用热端在内（HIS）技术，更新了新的带有平衡轴的正时机构，采用新的燃烧方式（米勒循环），喷油器布置在中间。

EA839 发动机首次使用在奥迪 S4 车型中。2018 年款全新 A8L 中也采用了该款发动机。

EA837/EA839 发动机技术参数如表 1-1-4 所示。

表 1-1-4 EA837/EA839 发动机技术参数

参数	EA837	EA839
排量/mL	2995	
结构类型	V6,90°V 形角	
功率/kW	220	260
最高功率转速/(r/min)	5250～6500	5400～6400
转矩/N·m	440	500
最高转矩转速/(r/min)	2900～4500	1370～4500
缸径/mm	84.5	

续表

冲程/mm	89	
压缩比	10.8∶1	11.2∶1
气门数/个	4	
增压	机械增压	废气涡轮增压
燃油喷射	燃油双喷射（FSI 和 MPI）	缸内直喷
点火顺序	1-4-3-6-2-5	

(1) 机械增压系统

与涡轮增压相比，机械增压压缩机直接由发动机曲轴驱动。需要时可立刻获得增压压力，增压压力是连续的，且转速越高增压压力越大。机械增压器后的气体由于没有被废气加热，因此增压气体冷却控制更容易。装配机械增压器的发动机还具有以下优点。

① 发动机转矩增加快，可提前达到最大转矩值，因此起步性能好。

② 压缩空气到气缸的路径非常短，空气体积小，因此反应非常快。

③ 废气特性好，因为催化转化器可以更快地达到工作温度。而对于使用废气涡轮增压器的发动机来说，一部分热能要用于驱动废气涡轮增压器（这部分热能就损失掉了）。

但机械增压系统也有以下缺点。

① 转子和壳体要求公差很小，加工工艺要求高，因此生产成本高。

② 对纯净空气管道内混入的异物敏感性过高。

③ 重量相对大些。

④ 降噪声的费用高。

⑤ 驱动增压器需要消耗部分发动机功率。

EA837 机械增压系统如图 1-1-24 所示。

机械增压器采用皮带与发动机曲轴带轮连接（增压器驱动轮带有电磁离合器，可控制增

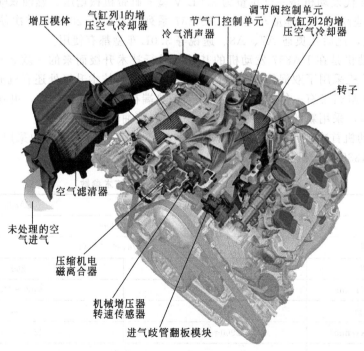

图 1-1-24　EA837 机械增压系统

压器是否启动）。利用发动机转速来带动机械增压器内部叶片，以产生增压空气送入发动机进气歧管内，整体结构相当简单，工作温度界于 70～100℃ 之间。不同于涡轮增压器靠发动机排放的废气驱动，必须接触 400～900℃ 的高温废气，因此机械增压系统对于冷却系统、润滑系统的要求与自然吸气式发动机相同，机件保养程序大同小异。由于机械增压器采用皮带驱动，因此增压器内部叶片转速与发动机转速是完全同步的。机械增压器压缩机模块结构图 1-1-25 所示。

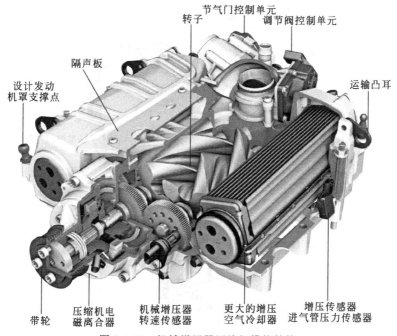

图 1-1-25　机械增压器压缩机模块结构

机械增压器本质上是一台罗茨鼓风机，有两个（或三个）转子，每个转子都扭转一定的角度（如 60°）以形成一个螺旋。两个转子都由发动机曲轴通过皮带驱动，与废气系统无关。机械增压器压缩机转子结构如图 1-1-26 所示。

（2）EA839 发动机空气供给和双涡流废气增压系统

EA839 发动机进气系统如图 1-1-27 所示。

由于采用了 HIS 技术，发动机洁净空气侧是朝外的，气体路径设计得尽可能短，最有利于气体流动。在废气涡轮增压器和增压控制冷却器之间的压力管中集成了一个脉动消声器。

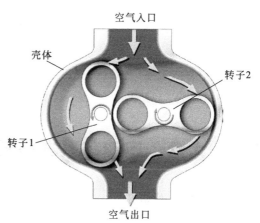

图 1-1-26　机械增压器压缩机转子结构

清洁空气经过空气滤清器后被引导至涡轮增压器的泵轮，加压后经过压力管流向空气冷却器。冷却后的加压空气在节气门后分两路分别供给左右两侧气缸。

涡轮增压器采用双涡流技术，每侧气缸排的排气道将废气直接引流到涡轮前，防止了对面气缸排废气气流的相互干扰。EA839 发动机双涡流技术如图 1-1-28 所示。

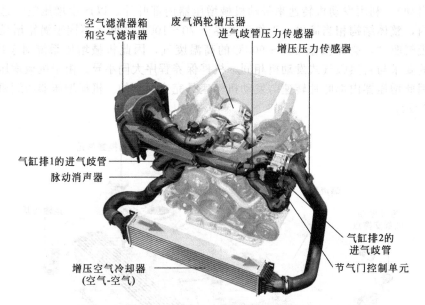

图 1-1-27　EA839 发动机进气系统

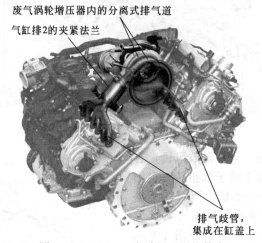

图 1-1-28　EA839 发动机双涡流技术

1.2　大众、奥迪车系发动机技术通报

1.2.1　EA211 发动机

(1) EA211 发动机异响

EA211 发动机异响主要原因有机油泵控制策略（新车前 1000km）、连杆小头磨损、曲轴箱通风系统堵塞、涡轮增压器异响、液压挺柱失效。

① 机油泵控制策略

> **故障现象**

冷启动后油底壳区域发出异响。

技术背景

EA211 发动机采用了 2 级可调式机油泵（1.5～3.5bar），发动机控制系统对机油泵控制策略为新车行驶前 1000km，机油泵处在高压输出状态，机油泵工作时声响较大。

相关提示

该异响不是质量问题，1000km 以上就会消失。

② 连杆小头磨损

故障现象

车辆怠速或加速时，发动机发出"嗒嗒"声。

故障诊断

诊断仪检查系统无故障存储记录或仪表报警。机油压力正常、缸压正常。使用听诊器确认异响来自于发动机中部，随转速增加，异响频率增加。拆解气门室罩盖，气门、摇臂、液压挺柱正常。拆解活塞连杆，通过 1、4 缸对比，发现 4 缸活塞销与连杆小头间隙过大。

活塞销与连杆小头间隙判定说明如下。

由于活塞销与连杆小头加工精度及配合精确到微米级别，所以普通维修店或 4S 店均无法进行尺寸检查。大众 ELSA（售后维修系统）中没有相关配合尺寸说明。根据以下两种方法检查。

a. 检查 4 个缸的连杆小头，如果能明显感觉到某缸活塞销与连杆小头间隙比其他缸偏大，则说明配合存在问题，如图 1-2-1 所示。

b. 检查 4 个缸的连杆小头内部是否存在压痕或磨损痕迹。将正常活塞销和不正常活塞销拆下来后立在桌面上对比，如图 1-2-2 所示，透过光线目视检查，不正常活塞销表面会有明显加工条纹。这点是故障根本原因：活塞销表面圆度不达标，导致高速旋转运动时出现连杆小头产生压痕或磨损痕迹。

图 1-2-1　连杆小头的检查

图 1-2-2　活塞销磨损对比

故障排除

更换活塞连杆组，异响消失。

③ 曲轴箱通风系统堵塞

故障现象

热车状态下发动机与变速器连接处发出异响。

故障诊断

车辆预热后，异响在各个挡位均会出现，收油或熄火时明显，原因如下。

a. 飞轮异响（在本例中替换飞轮后异响未消除）。

b. 双离合器异响（在本例中替换双离合器后异响未消除）。

c. 发动机异响。需进一步排查：打开机油加注口异响消除。检查曲轴箱负压在－190～

－160mbar 之间，如图 1-2-3 所示，曲轴箱负压不正常（正常值应为 －50～－20mbar），由此可以判断出曲轴箱通风系统堵塞。

图 1-2-3　曲轴箱负压检查

故障排除

更换止回阀（通风阀）后异响排除，曲轴箱负压正常（－19mbar）。曲轴箱通风阀如图 1-2-4 所示。

  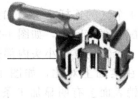

图 1-2-4　曲轴箱通风阀

相关提示

止回阀保证新鲜空气流入发动机，以便带走发动机内部和油底壳内的水蒸气及机油蒸气。

该案例中止回阀堵塞导致新鲜空气不能及时补充到曲轴箱，使负压过高，引起异响。

④ 涡轮增压器异响

故障现象

加速时车辆前部异响，类似于金属摩擦声。

故障诊断

该故障属于可再现性故障，启动发动机急加速至 1800～2500r/min 时出现异响。经仔细确认异响来自于涡轮增压器。

故障原因

一般涡轮增压器异响来自于涡轮增压器旁通阀机构，即执行器连杆/摇臂销钉位置、轴杆和衬套位置、阀盖位置，如图 1-2-5 所示。

摇臂及弹簧垫圈异常磨损导致轴杆和衬套产生轴向窜动，如图 1-2-6 所示。

摇臂硬度不够及弹簧垫圈弹力衰减导致摇臂及弹簧垫圈异常磨损。

摇臂和弹簧垫圈异常磨损及弹簧垫圈弹力衰减导致轴向窜动。

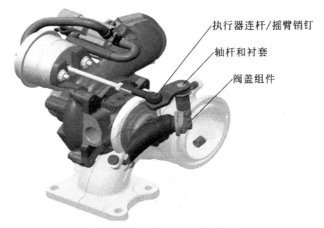

图 1-2-5　涡轮增压器异响位置

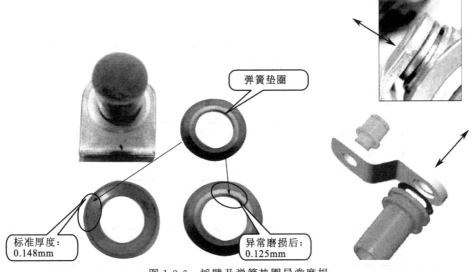

图 1-2-6　摇臂及弹簧垫圈异常磨损

故障排除

更换改进后的涡轮增压器总成。

⑤ 液压挺柱失效

故障现象

发动机发出"嗒嗒"声。

故障诊断

仪表无发动机异常报警，诊断仪检查通道 01 中无故障码。机油油位、压力正常。缸盖正常。使用听诊器确认异响来自于气门室罩盖内，靠近排气侧，并随着发动机转速升高，异响频率升高。

故障排除

液压挺柱失效导致无法补偿气门间隙，产生异响。拆解气缸盖中气门组件，更换液压挺柱后故障排除。

(2) EA211 发动机火花塞损坏

故障现象

发动机抖动，OBD 灯报警，有时伴有发动机异响，严重情况下引起拉缸。

技术背景

旧版 ELSA 中 EA211 发动机火花塞拧紧力矩标注错误，标注力矩过大，造成火花塞损坏。正确的 EA211 发动机火花塞拧紧力矩为 $20+5\text{N}\cdot\text{m}$。从 2017 年 2 月起，ELSA 中相关信息已经更正。

故障排除

更换火花塞，并按照新的标准力矩拧紧即可。

(3) EA211 发动机 1、4 缸或 2、3 缸同时失火

故障现象

OBD 灯报警，有故障码产生。发动机怠速运转时抖动，运行不平稳。经检查怠速工况下 1、4 缸或 2、3 缸同时失火。

故障诊断

在怠速运转期间，发动机控制单元中记录气缸 1 和气缸 4 和/或气缸 2 和气缸 3 同时出现失火。诊断仪故障显示如图 1-2-7 和图 1-2-8 所示。

图 1-2-7 1、4 缸失火故障显示

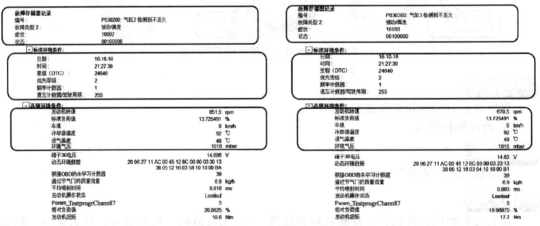

图 1-2-8 2、3 缸失火故障显示

故障排除

用 01A196 升级发动机控制单元，软件版本号××××升级到 9265，如图 1-2-9 所示。

第 1 章 发动机部分

图 1-2-9 发动机控制单元软件升级前后版本号对比

1.2.2 EA888 发动机

(1) EA888 Gen3 发动机冷启动机油泵异响

涉及车型

配备 EA 888 Gen3 发动机的 B8、Q5、C7 车型。

故障现象

车辆冷启动，发动机怠速时发出异响，一般最长时间持续 2~3min，之后异响消失。

故障原因

EA888 Gen3 发动机机油润滑系统在冷启动之初，由于系统内机油压力波动导致机油泵控制弹簧与调节柱塞发生振动产生异响。该异响不会对车辆性能造成影响，也不会对其他部件造成损坏。EA888 发动机机油泵如图 1-2-10 所示。

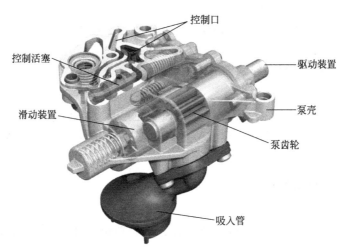

图 1-2-10 EA888 发动机机油泵

故障排除

更换重新设计的机油泵以及链条张紧器。

(2) EA888 Gen3 发动机机油冷却器损坏

涉及车型

配备 EA888 Gen3 发动机的 B8PA、Q5PA 车型。

故障现象

膨胀罐内冷却液液位过低、冷却液里有机油,对冷却系统加压检查发现机油冷却器漏冷却液和机油的混合物,拆卸机油冷却器,进一步查看发现机油冷却器损坏。

故障排除

更换机油冷却器、冷却液泵、节温器、冷却液、膨胀罐(如果油水混合物进入膨胀罐则更换,否则不更换)。

(3) EA888 Gen3 发动机电动燃油泵异响

故障现象

怠速或行驶时,电动燃油泵发出"呜呜"声。

技术背景

电动燃油泵泄压阀开启压力为 6.2bar,在油压达到 6bar 时间歇性开启/闭合,不规律振动引起噪声。

故障排除

① 改进电动燃油泵泄压阀,开启压力调整到 6.5bar。
② 改进发动机控制单元对燃油泵控制策略(升级发动机控制单元软件)。

对于措施①之前的车辆,即底盘号 LF2A28VXF5047817 之前的车辆,先更换电动燃油泵,然后使用 01A129 升级发动机控制单元软件。

注意

该方案仅适用于 A3 1.8T CUF 车辆。

对于措施①之后,措施②之前的车辆,即底盘号 LF2A28VXF5047817 与 LFV3A28V7H5005550 之间的车辆,使用 01A129 升级发动机控制单元软件。

(4) EA888 Gen3 发动机凸轮轴轴承桥磨损

技术背景

2016 年第 15 周开始,Q3PA 投产,配备横置 EA888 Gen3 发动机。近期反馈,Q3PA Gen3 发动机(DBR、DBS)同 B8PA/Q5PA(CUJ/CUH)一样,存在凸轮轴轴承桥磨损问题。

故障现象

车辆抖动,OBD 灯报警。

故障诊断

使用诊断仪检查,01 通道中有故障码存储:凸轮轴位置/曲轴位置传感器分配不正确。如图 1-2-11 所示。

事件存储器条目	
编号:	气缸列1,凸轮轴位置/曲轴位置传感器 分配不正确
故障类型 2:	被动偶发
症状:	14868
状态:	01101000
标准环境条件:	日期: 16-10-24
	时间: 10:44:39
	行驶里程: 1911
	优先等级: 2
	频率计数器: 7
	忘记计数器/驾驶周期: 255

图 1-2-11 故障码显示

拆下凸轮轴轴承桥，可见明显磨损，如图 1-2-12 所示。

图 1-2-12　凸轮轴轴承桥磨损

该故障是由凸轮轴轴向窜动引起的。凸轮轴轴向窜动引起轴承桥端面磨损，可见明显台阶；轴承桥内部及轴颈磨痕属于正常现象，不能作为故障判定依据。轴承桥磨损判定如图 1-2-13 所示。

图 1-2-13　轴承桥磨损判定

故障排除

更换发动机总成。

注意

车辆里程均很短，一般都在 5000km 以内，所有条件均满足（故障码、凸轮轴轴承桥磨损）才能执行上述方案排除故障。

相关提示

如果只有 P0016 故障码存储而凸轮轴轴承桥未磨损，建议检查以下零件：凸轮轴相位传感器；凸轮轴相位调节器；三位四通阀。

1.2.3　EA837 发动机

（1）EA837 3.0T V6 发动机机油压力报警，存储 P164B 或 P164D 故障码

故障现象

机油压力红灯报警，诊断仪检查有 P164B 或 P164D 故障码。

> **故障原因**

P164B：机油压力开关失灵，机油泵的额定压力水平和高压机油压力开关的额定压力水平可能过于接近，这可能会导致开关频率增加，由此生成故障码 P164B。

P164D：低压机油压力开关失灵，在极个别情况下，安装机油滤清器滤芯时扭转了滤芯，因此导致排油阀短时没有正确闭合，以及没有达到所需的机油压力（低压）。

EA837 润滑系统如图 1-2-14 所示。

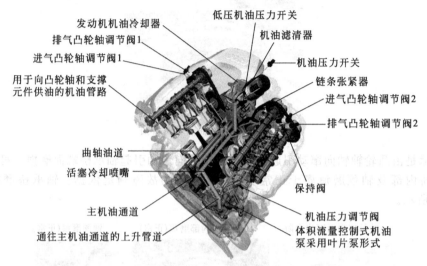

图 1-2-14　EA837 润滑系统

> **故障排除**

P164B：安装改良的高压机油压力开关。

P164D：检查机油滤清器滤芯的长度，EA837 发动机至少为 154mm，EA837 EVO 发动机（带有机械增压离合器）至少为 104mm。如果情况不符，则需更换。如果机油滤清器安装正确，并且长度不低于上述长度，则继续通过引导型故障查询排除故障。

(2) EA837 3.0T V6 发动机冷却液泵壳体上有明显的冷却液泄漏痕迹

> **故障现象**

冷却液泵壳体上发现少量冷却液痕迹，如图 1-2-15 所示。EA837 冷却系统如图 1-2-16 所示。

图 1-2-15　冷却液痕迹

> **技术背景**

冷却液泵上的轴密封环在磨合运行期间，可能会有少量冷却液溢出。风干的冷却液痕迹可视为正常现象。

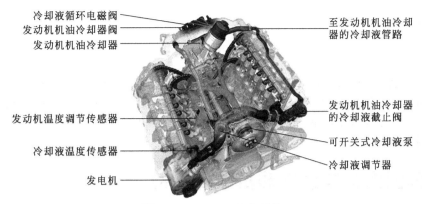

图 1-2-16　EA837 冷却系统

在暖机状态下，向冷却系统施加 1.5bar 的压力，接着检查冷却液泵区域内是否有新鲜的冷却液溢出。如果没有发现新鲜冷却液痕迹，则不必更换冷却液泵。

(3) 气缸列 1 或气缸列 2 混合气过浓

故障现象

EPC 灯报警，存储两个故障码 P1127（气缸列 1 混合气过浓）和 P1129（气缸列 2 混合气过浓）。

故障诊断

在极少数情况下，不合理的驾驶方式会导致发动机机油中的燃油含量提升和/或燃油很难从发动机机油中排放出来。

故障排除

选择发动机控制单元中的下列测量值：气缸列 1 混合气制备的长期调整情况；气缸列 2 混合气制备的长期调整情况。

如果相应一个气缸列或者两个气缸列的数值介于 $-10\%\sim-20\%$，则可能是发动机机油中混入了燃油。检查高压喷油器是否泄漏。为此必须暖机运行发动机。选择发动机控制单元中的以下测量值：燃油高压实际值。接着停止发动机，并观察上述测量值的压力曲线变化情况。如果高压喷油器密封，则测量值应在几分钟内上升（因油轨中积聚热量导致压力上升）。如果燃油压力上升，则说明密封性检测结果为正常，可以排除高压喷油器泄漏这个原因。

如果马上就要到下一次保养周期，则最好执行一次发动机机油更换保养。否则必须在发动机机油温度高于 80℃ 的情况下试车 20min 以上。接着重新选择测量值：气缸列 1 混合气制备的长期调整情况；气缸列 2 混合气制备的长期调整情况。这个测量值在试车后应变回零。

(4) 进气翻板控制故障引起的 EPC 灯报警，发动机运行不平稳或功率欠佳

故障现象

EPC 灯报警，发动机运行不平稳或功率欠佳并存储以下故障码。

P2004/P2005：气缸列 1/气缸列 2 的空气流量控制进气歧管翻板保持打开状态。

P2006/P2007：气缸列 1/气缸列 2 的空气流量控制进气歧管翻板保持关闭状态。

P2014/P2011：气缸列 1/气缸列 2 的进气歧管翻板位置传感器，电路中存在电气故障。

P2015：进气歧管翻板位置/空气流量控制传感器，信号不可信。

故障原因

真空系统泄漏。

故障排除

通过真空泵 VAS6213 检查真空系统是否密封。检查连接至电磁阀的真空管路以及连接电磁阀和相应部件的真空管路。用真空泵 VAS6213 检查接通的冷却液泵是否密封。如果在之前的检测步骤中发现了泄漏,则更换相应的部件。如果真空系统密封,则必须更换进气歧管翻板控制电位计。

1.3 典型大众车系发动机故障案例

1.3.1 迈腾车系

(1) 行驶时急加速不良,仪表 EPC 灯亮

车型	B7L 1.8T
行驶里程	4132km

故障诊断

行驶时发动机有时加速不良,仪表 EPC 灯报警。进厂后用 VAS5052A 检测发现发动机控制单元有故障码 00135 P0087(燃油油轨/系统压力过低静态)。消除故障码,急加速行驶一段路程后,故障码再现,如图 1-3-1 所示。

根据故障码判断导致该故障的可能部位如下:低压燃油管路;电子油泵及滤清器;油泵控制器、供电及线路;燃油压力调节阀 N276 及线路;发动机控制单元。

按维修经验判断出现该故障码,油泵控制器、油泵及高压泵损坏的概率比较高,首先更换了电子油泵和油泵控制器,接上 VAS5052A 试车,发现急速、匀速行驶或缓慢加速均正常。急加速时故障出现,EPC 灯亮,发动机抖动,最高转速达不到 3000r/min。出现故障时读取发动机高压系统压力,01-08-140 组 3 区显示故障出现时高压只有 4bar,如图 1-3-2 所示,正常车辆高压为 50～150bar。检查低压系统油压为 6bar 左右,排除低压燃油系统的故障。

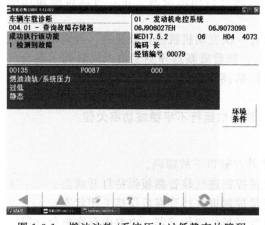

图 1-3-1 燃油油轨/系统压力过低静态故障码

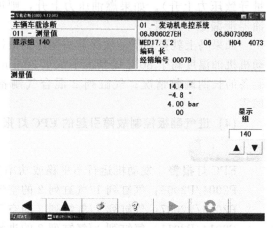

图 1-3-2 高压不足

一般高压泵燃油调节阀损坏，高压压力在 7bar 左右，该高压系统油压低于低压燃油系统压力。根据缸内直喷原理，燃油高压通过安装在燃油泵上的压力调节器 N276 来调节。在喷油过程中，发动机控制单元根据计算出的供油始点向燃油压力控制阀 N276 发送指令使其吸合，此时针阀克服针阀弹簧的作用力向前运动，进油阀在弹簧作用力下被关闭。随着泵活塞向上运动，泵腔内建立起油压，当泵腔内的油压高于油轨内的油压时，出油阀强制开启，燃油便被泵入油轨内，在油轨内形成稳定的高压燃油压力由压力传感器识别并把信号传送给发动机控制单元。通过读取数据流 01-08-140 组 3 区显示的压力可以分析高压是否正常建立。

基于以上对燃油高压建立过程的分析，导致燃油供给系统高压不能建立的可能原因有凸轮轴驱动装置损坏，高压泵及输油管堵塞，低压燃油系统压力过低，高压泵燃油调节阀及线路、发动机控制单元故障。正常车辆将燃油调压阀 N276 拔掉，高压油压在 7bar 左右，检查凸轮轴驱动凸轮正常，没有任何变形与异常磨损，该车出现故障时高压只有 4bar，低于低压燃油压力，怀疑高压泵进油口堵塞，更换高压泵后故障依旧，最后故障集中在高压泵输油管单向阀上，拆下高压泵输油管准备检查单向阀是否损坏时发现，在高压泵输入口处有一个铁块，如图 1-3-3 所示。取出铁块后检查单向阀工作正常，重新安装高压泵输油管，试车故障排除，如图 1-3-4 所示。

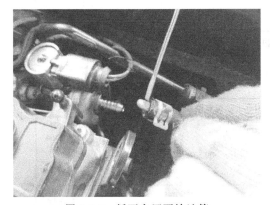

图 1-3-3　拆下高压泵输油管

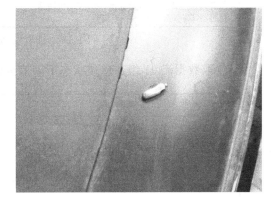

图 1-3-4　输油管异物

故障原因

该车由于高压泵输油管内有异物，该异物尺寸远大于单向阀内部孔径，起初异物离高压泵进油口较远且成不规则形状，不至于完全堵塞进油管，车辆虽供油不畅，但尚能保持系统压力，EPC 灯不报警。随着车辆不断使用，异物随着燃油流动方向缓慢移动，直至碰到高压泵进油口，加速时异物完全堵塞高压泵进油口，从而出现发动机加速不良，仪表 EPC 灯报警故障。

专用工具/设备

VAS5052A、VAS6550。

相关提示

日常维修中检查高压系统与低压系统压力时，容易忽视高压系统与低压系统相连接的部位，燃油表测量燃油压力显示的是燃油表到燃油泵之间的系统压力，如像该车高压泵输油管堵塞或者输油管内部的单向阀堵塞，均会造成燃油表显示压力正常，但是实际低压燃油系统不正常，导致高压泵无法输入燃油，高压泵无法建立高压的故障，误导对车辆故障的判断。

(2) 发动机怠速不稳

车型	迈腾
行驶里程	94101km

> **故障现象**

车辆行驶中磕碰油底壳后，发动机怠速不稳。怠速时"游车"现象严重，排气管尾部能够明显听到类似缺缸发出的"突突"声。加速到中速和高速时一切正常。

> **故障诊断**

① 用 VAS6150 读取发动机控制单元故障码（图 1-3-5），存有故障码 00022 P0016 000（气缸列 1、凸轮轴位置传感器 G40/发动机转速传感器 G28 布置错误）。

车辆自诊断	01—发动机电子系统 06J906026CC	
02—查询故障	MED17.5 编码　长	06J906026B H03 2064
1 检测到故障/说明	经销编号　00079	
00022　P0016　000 气缸列1，凸轮轴位置传感器G40/发动机转速 传感器G28布置错误		环境要求

图 1-3-5　读取发动机控制单元故障码

② 读取数据流 91 组在怠速状态下调节至极端，如图 1-3-6 所示。

车辆自诊断	01—发动机电子系统 06J906026CC	
08—读取测量值块	MED17.5 编码　长	06J906026B H03 2064
读取数据块	经销编号　00079	
	840/min 45.9% 34.0kW 34.0kW	显示框 91

图 1-3-6　读取数据流

③ 检查正时状态为正常，如图 1-3-7 所示。

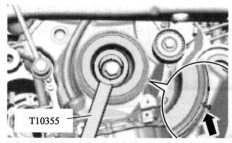

图 1-3-7　检查正时状态

④ 使用 VAS6356 读取发动机凸轮轴位置传感器 G40 和发动机转速传感器 G28 对应信号波形，如图 1-3-8 所示。

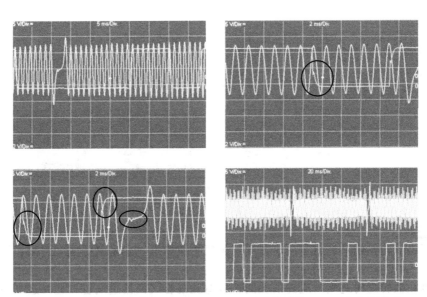

图 1-3-8　凸轮轴位置传感器 G40 和发动机转速传感器 G28 对应信号波形

⑤ 从 G28 和 G40 波形状态及对应关系中发现 G40 的波形反应滞缓，检查凸轮轴调整电磁阀 N205 的工作波形（该波形为 PWM 控制波形），如图 1-3-9 所示。

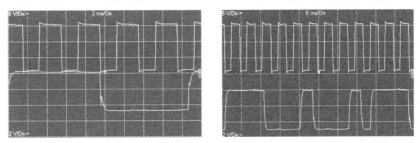

图 1-3-9　凸轮轴调整电磁阀 N205 的工作波形

⑥ G40 与 N205 占空比的对应状态说明 N205 的 PWM 信号正常，凸轮轴的信号杂波对应的 N205 的 PWM 信号无变化，说明是机械部件导致 G40 产生杂波。由于凸轮轴调整系统需要机油驱动，所以检查机油及压力状态条件，结果为正常，如图 1-3-10 所示。

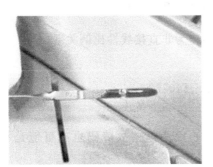 

图 1-3-10　机油及压力检查

⑦ 根据以上分析检查，拆检凸轮轴调整的机械阀，发现机械阀中出现机械严重卡滞的现象。将机械阀更换后启动车辆并行驶测试，一切正常，如图 1-3-11 所示。

图 1-3-11　拆检机械阀

> **故障原因**

故障车由于凸轮轴调节机械阀卡滞导致配气相位错乱，引起气门关闭时刻错误，从而出现该故障。

发动机在低转速时进气门应提前关闭，以避免混合气回流进气管，此时进气凸轮轴相位应提前调整。而在高速时进气管内气流快，混合气应可继续涌入气缸，此时进气门延迟关闭。

这种功能由机油泵提供压力油实现。调节单元的转子与进气凸轮轴相连（调节范围为60°曲轴转角）。通过 PWM 激活电磁阀 N205 控制四位三通阀来给不同的凸轮轴前段调整阀内的不同油腔提供压力油，以达到提前或推后开启气门的目的，如图 1-3-12 所示。

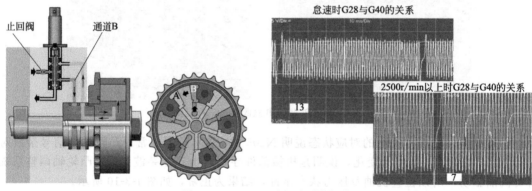

图 1-3-12　PWM 对机油泵的调节

凸轮轴调节电磁阀 N205 的 PWM 信号与转速为非直接线性比例关系。

> **专用工具/设备**

T10355、VAS6150、VAS6356、VAG1342、T10352。

> **相关提示**

对于故障现象及故障码的内容要认真分析，因为这些故障码也有可能是机械故障引起的。

（3）发动机无法启动

车型	迈腾 1.8T
行驶里程	423km

> **故障现象**

启动发动机后，挂倒挡，听到前部发动机盖内"砰"的一声响，然后发动机无法启动。

> **故障诊断**

首先用 VAS5051 专用检测仪检测发动机，无故障码；更换了燃油泵后，发动机仍然无法启动；检查正时，取来一辆同型号商品车，将两辆车曲轴链轮上的标记对正盖板上的标记，发现故障车进、排气链轮的正时正常，正时链轮没有跳齿。图 1-3-13 所示为故障车正时；图 1-3-14 所示为正常车正时。

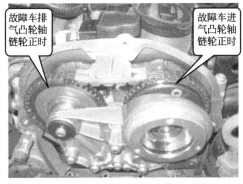
图 1-3-13　故障车进、排气凸轮轴链轮正时

图 1-3-14　正常车进、排气凸轮轴链轮正时

检查第 1 缸进、排气凸轮。但在比较故障车和正常车的正时时，发现故障车与正常车的第 1 缸进气凸轮的位置相同，但第 1 缸排气凸轮的相对位置滞后约 80°。图 1-3-15 所示为正常车第 1 缸排气凸轮的相对位置。

在第 1 缸上止点时，同类型商品车的第 1 缸进、排气凸轮能够形成一个标准的"八"字形，而故障车则不能。图 1-3-16 所示为故障车第 1 缸进、排气凸轮不能形成"八"字形；图 1-3-17 为正常车进、排气凸轮能形成标准的"八"字形。

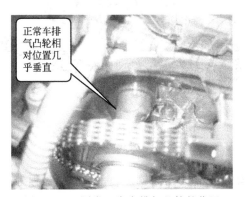
图 1-3-15　同类正常车排气凸轮的位置

图 1-3-16　故障车进、排气凸轮不能成"八"字形

由于排气链轮正时正确，而排气第 1 缸凸轮相对位置不正常，所以，排气凸轮轴出故障的可能性比较大。拆开气门室盖后，发现排气凸轮轴末端（飞轮侧）有金属附着物，且该处的气门室盖和缸盖都有拉伤。图 1-3-18 所示为拉伤位置，图 1-3-19 所示为排气凸轮轴上的附着物和气缸盖上的拉伤，图 1-3-20 所示为气门室盖上的拉伤。

图 1-3-17　同类型车进、排气凸轮能成"八"字形

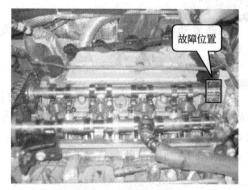

图 1-3-18　拉伤位置

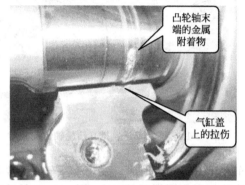

图 1-3-19　排气凸轮轴上的附着物和气缸盖上的拉伤

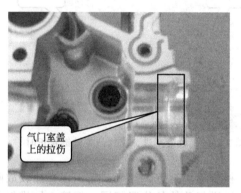

图 1-3-20　气门室盖上的拉伤

故障原因

如图 1-3-21 所示，启动发动机时，排气凸轮轴末端卡滞，受力很大，导致凸轮轴不能正常旋转，而排气凸轮轴链轮则受正时链条的带动正常运转。故排气凸轮轴和排气凸轮轴链轮产生约 80°的相对转动。当发动机开始转动后，链轮上的力加大，凸轮轴和链轮又开始一起转动，而此时凸轮轴的正时相位已经滞后约 80°，导致顶气门，发动机熄火，并且再无法启动。

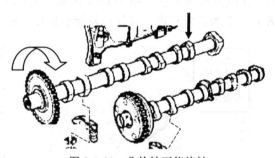

图 1-3-21　凸轮轴不能旋转

相关提示

正时链轮的正时正确，并不一定就表示凸轮轴和曲轴的正时就正确，在维修过程中，一定要注意机械失效导致的正时错乱。

注意

迈腾 1.8T 对正时与其他发动机对正时有差异。

1.3.2 速腾车系

（1）发动机怠速抖动

车型	BK23A5
行驶里程	6747km

故障现象

发动机怠速抖动，坐在车内能明显感觉车身振动。

故障诊断

① 使用 VAS6150B 检测发动机无故障记忆，如图 1-3-22 所示。

② 使用 VAS6150B 读取发动机失火数据流，4 个气缸均没有失火情况，如图 1-3-23 所示。

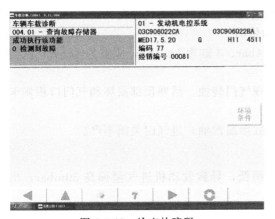
图 1-3-22　检查故障码

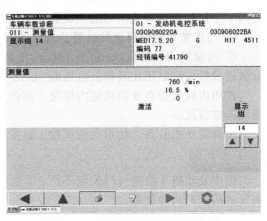
图 1-3-23　读取发动机失火数据流

③ 使用 VAS6150B 读取发动机负荷、进气量、喷油量、爆震控制等数据。故障车辆数据如图 1-3-24、图 1-3-25 所示。正常车辆数据如图 1-3-26 所示。

```
测量值：
名称列：          数值：               标准值：      识别：
发动机转速        680/min                           1.1
冷却液温度        87.1℃                             1.2
氧传感器控制值    1.171875%                         1.3
基本设置的调节前提条件  11111111                    1.4
发动机转速        680/min                           2.1
发动机负荷        23.308270676691727%               2.2
平均喷射时间      0.765ms                           2.3
进气歧管压力      370.0mbar                         2.4
发动机转速        680/min                           3.1
进气歧管压力      370.0mbar                         3.2
节气门角度(电位计) 2.352941176470588%                3.3
点火提前角(当前角) 0.0                              3.4
发动机转速        680/min                           4.1
电压              14.194V          12V≤x≤15V       4.2
冷却液温度        87.0℃                             4.3
进气温度          23.0℃                             4.4
```

图 1-3-24　故障车辆数据（一）

```
测量值：
名称列：                数值：               标准值：    识别：
汽缸1点火提前角延时      0.0                              20.1
汽缸2点火提前角延时      0.0                              20.2
汽缸3点火提前角延时      0.0                              20.3
汽缸4点火提前角延时      0.0                              20.4
RPM                     680/min                          22.1
发动机负荷              22.55639097744361%               22.2
汽缸1点火提前角延时      0.0                              22.3
汽缸2点火提前角延时      0.0                              22.4
RPM                     680/min                          23.1
发动机负荷              22.55639097744361%               23.2
汽缸3点火提前角延时      0.0                              23.3
汽缸4点火提前角延时      0.0                              23.4
爆震控制，汽缸1爆震
传感器放大器            1.092V                           26.1
爆震控制，汽缸2爆震
传感器放大器            1.092V                           26.2
爆震控制，汽缸3爆震
传感器放大器            1.092V                           26.3
爆震控制，汽缸4爆震
传感器放大器            1.4040000000000001V              26.4
```

图 1-3-25　故障车辆数据（二）

通过数据对比发现故障车进气压力为 370mbar，正常车进气压力为 320mbar。

测量值:

名称列:	数值:	标准值:	识别:
发动机转速	680/min		1.1
冷却液温度	90.0℃		1.2
氧传感器控制值	1.953125%		1.3
基本设置的调节前提条件	01111111		1.4
发动机转速	680/min		2.1
发动机负荷	18.796992481203006%		2.2
平均喷射时间	0.765ms		2.3
进气歧管压力	320.0mbar		2.4
发动机转速	680/min		3.1
进气歧管压力	320.0mbar		3.2
节气门角度(电位计)	3.1372549019607643%		3.3
点火提前角(当前值)	3.0WOT		3.4
发动机转速	680/min		4.1
电压	14.1V	12V≤x≤15V	4.2
冷却液温度	90.0℃		4.3
进气温度	24.0℃		4.4

图 1-3-26 正常车辆数据

④ 对发动机进气管检查没有发现有任何漏气情况。

⑤ 对炭罐电磁阀控制管路进行检查,电磁阀控制功能正常(70组数据块分析),当电磁阀不工作时电磁阀关闭无漏气现象,曲轴箱通风检查也未发现漏气情况。

⑥ 与正常车辆调换进气歧管总成,试车抖动依旧。

⑦ 测量发动机缸压,1缸为12bar、2缸为14bar、3缸为14.5bar、4缸为14bar,从测量数据分析1缸缸压比其他缸缸压低2bar。

使用内窥镜检查发动机缸内情况,缸内未发现气门烧蚀、活塞顶部损坏和气门口积炭卡滞等异常情况。

拆卸发动机缸盖,使用汽油试验1缸发现1缸渗漏汽油,进气门关闭不严。

故障原因

由于发动机1缸进气门关闭不严、1缸缸压稍低,导致发动机进气量偏高50mbar,出现发动机怠速抖动故障。

故障排除

更换发动机。

专用工具/设备

VAS6150B、缸压表内窥镜。

相关提示

发动机怠速抖动、没有故障记忆和失火情况,故障分析时要充分掌握关键数据流,利用数据流分析可能故障原因,做好基本检查。

(2) 行驶中偶尔熄火

车型	速腾 1.4T
行驶里程	47398km

故障诊断

① 用 VAS6150B 读取发动机故障存储,有燃油油轨系统压力过低故障,如图 1-3-27 所示。

② 根据故障存储记忆分析,压力传感器监测高压燃油导轨里的燃油压力。故障原因可能有高压油泵故障、燃油压力传感器故障、发动机控制单元故障、线路故障,也可能是低压部分故障或油泵控制单元 J538 故障。

③ 打开左前门时能够清晰听见燃油泵工作的声音,说明油泵预工作控制正常。由于车

辆偶尔打不着火,现连接汽油压力表启动发动机,车辆可以正常启动,并且读取高压系统数据流正常,用汽油压力表检测低压供油压力正常,如图 1-3-28、图 1-3-29 所示,故障没有出现。

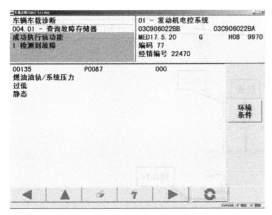

图 1-3-27　读取发动机故障码

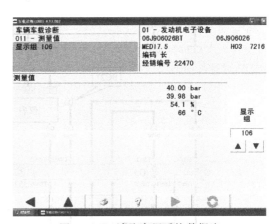

图 1-3-28　读取高压系统数据流

④ 检查燃油导轨压力传感器 G247 相关线路都正常。如燃油压力传感器 G247 失效,系统会进入应急状态以默认恒定的 7.5bar 压力工作,发动机会有加速无力的故障现象,但此时发动机可以正常启动,可以排除传感器 G247 故障,如图 1-3-30 所示。

⑤ 检查了油泵控制单元 J538 供电保险、插头、接地,以及到发动机控制单元线路均正常,为防止油泵控制单元 J538 内部间歇性接触不良导致行驶中熄火,更换了新的控制单元,建议用户观察,如图 1-3-31 所示。

图 1-3-29　检查低压供油压力

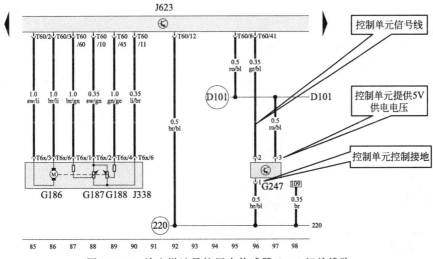

图 1-3-30　检查燃油导轨压力传感器 G247 相关线路

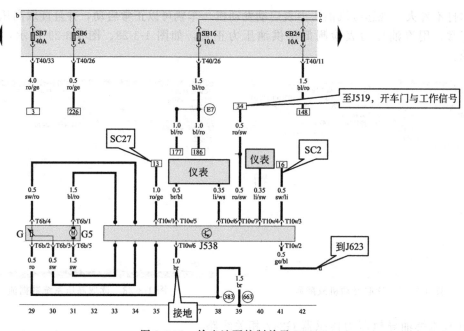

图1-3-31 检查油泵控制单元J538

⑥ 行驶10天故障再现，而且更为严重，着火后一会儿就熄火，存在和上次同样的故障码。连接汽油压力表检测汽油泵压力，发现开始时汽油压力正常，着火以后压力逐渐下降至0.6bar，发动机熄火，此时确认故障点为汽油泵，如图1-3-32所示。

故障原因

由于汽油泵间歇性故障，车辆偶尔打不着火。

故障排除

更换汽油泵。

专用工具/设备

VAS6150B、VAG1318。

相关提示

① 燃油系统被人为地分为高、低压两个部分，高压燃油系统压力是建立在低压系统之上的，低压部分出现故障直接影响高压系统压力。

② 低压系统的控制又分为主工作、预工作。预工作控制为车门开关→J519→J538→汽油泵，主工作控制为发动机控制单元→J538→汽油泵，如图1-3-33所示。

图1-3-32 检测汽油泵压力

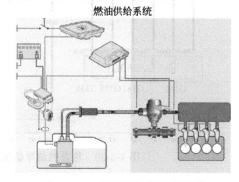

图1-3-33 低压系统的控制流程

1.3.3 CC 车系

(1) 组合仪表上 EPC 灯报警

车型	CC
行驶里程	26140km

故障现象

车辆有时在 D7 挡以 70km/h 左右的速度匀速行驶或下坡收油后偶尔出现 EPC 灯报警。

故障诊断

① 用 VAS6150 检查各控制单元，发现发动机电控系统和变速器电控系统内各有一个故障码（图 1-3-34、图 1-3-35）。

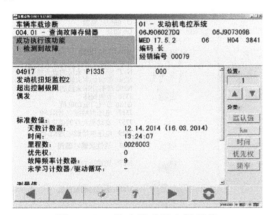

图 1-3-34　检查发动机电控系统

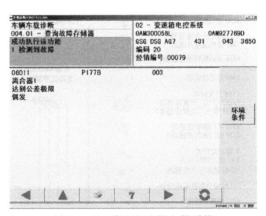

图 1-3-35　检查变速器电控系统

② 检查发动机相关部件及数据流（点火系统、喷嘴、增压及进气系统、空气流量计、进气温度传感器、水温传感器、节气门位置传感器及电机等），只发现 3 缸和 4 缸各有 1 次失火（图 1-3-36），咨询客户，客户表示一直加的都是 97 号油，还一直添加原装的汽油添加

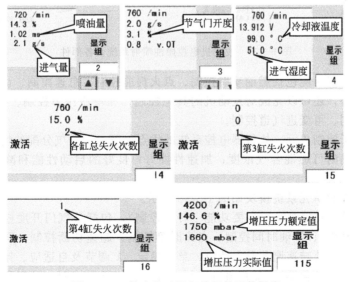

图 1-3-36　检查发动机相关部件及数据流

剂，因故障偶尔发生，试车很难试出来（半个月或一个月出现1次）。

③ 根据上述故障码和含义，先后更换离合器、机电单元后试车，故障依旧。

④ 拆下进气歧管，清洗喷油嘴、进气门和排气门、节气门和燃烧室积炭后故障排除。

相关提示

如图1-3-37所示。发动机控制系统应用电子技术，其主要的目的是使发动机获得各种工况下运行所需的最佳可燃混合气。因此，也将其称为发动机电控燃油喷射系统。该系统利用各种传感器检测发动机的工作状态，并通过电子控制单元进行判断、计算、修正，从而控制燃油喷射的持续时间，配制出一定数量和浓度的可燃混合气，适应发动机在不同工作条件下对混合气的要求。

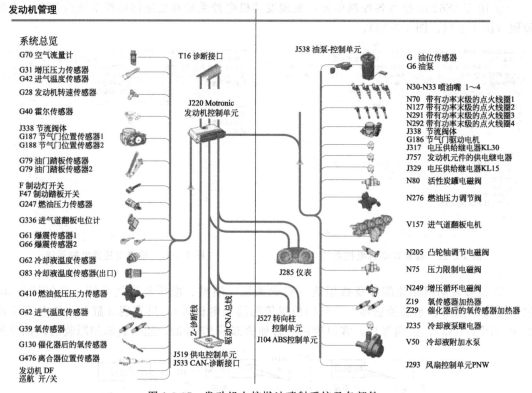

图1-3-37　发动机电控燃油喷射系统及各部件

电控系统的主要功能包括燃油喷射控制、点火提前控制、怠速控制、诊断功能、安全保险功能。除此之外，还可以完成对发动机的其他控制，如增压压力控制、废气再循环控制、可变气门正时控制、可变进气道控制。

传感器、电子控制单元、执行器电控系统的优点如下：混合气分配的均匀性好；任何工况下都能获得精确的可燃混合气浓度；加速性能好；良好的启动性能和减速减油或断油功能；充气效率高。

发动机电子控制单元系统模块如图1-3-38所示。

发动机管理系统功能如下：主要功能（转矩控制），包括节气门开度控制、充气压力控制（涡轮增压发动机）、喷油时间控制、点火时刻控制、超速切断控制；其他功能，包括爆震控制及自适应、怠速转速调节及自适应、怠速稳定、λ调节及自适应、排放控制（二次空气供给/废气再循环/催化器）、油箱通风控制、可变进气行程控制、可变配气相位控制、发

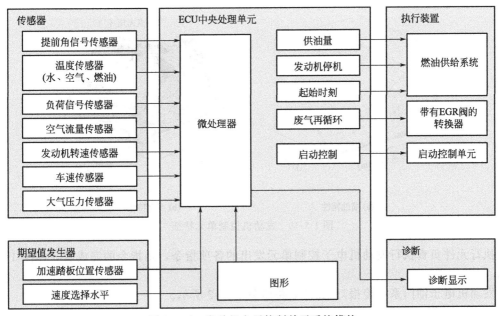

图 1-3-38　发动机电子控制单元系统模块

动机失火识别。

转矩控制如图 1-3-39 所示。

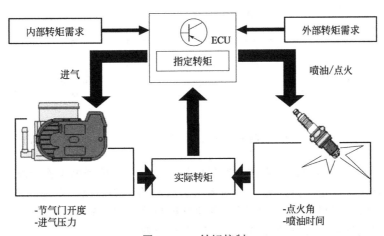

图 1-3-39　转矩控制

转矩输出控制如下：

主要因素，包括驾驶员意愿、排放控制、燃油消耗、安全；

内部因素，包括启动程序、怠速调节、λ 控制、发动机最高限速；

外部因素，包括驾驶员意愿、巡航控制、AG4 需求、ABS/ESP 需要、安全/舒适需要、自动空调。

发动机控制单元特征如图 1-3-40 所示。

传感器是感知信息的部件，负责向控制单元提供发动机的工作情况和汽车运行状况，从而使控制单元正确管理发动机的运转。

传感器信号类别如下：主信号；校正信号；附加信号。

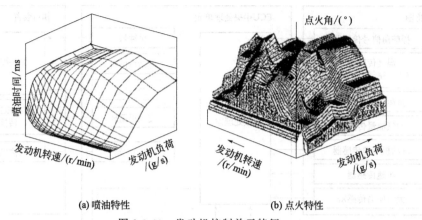

图 1-3-40 发动机控制单元特征

执行元件负责执行发动机电子控制单元发出的各项指令,是指令的完成者,如图 1-3-41 所示。

发动机电子油门系统警报灯 EPC 电路如图 1-3-42 所示。

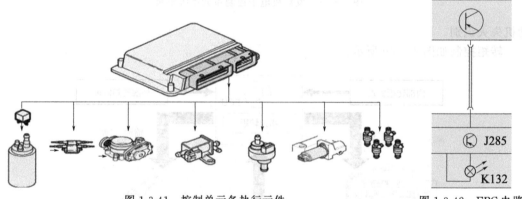

图 1-3-41 控制单元各执行元件　　　　图 1-3-42 EPC 电路

EPC 的作用是监控电子油门系统与节气门控制单元各传感器的工作状况。

打开点火开关,警报灯持续亮 3s,对系统进行自检,如果没有发现故障,警报灯熄灭;当系统出现故障时,警报灯闪烁,同时,发动机控制单元记录故障信息。

若警报灯出现故障,对发动机的正常运转没有影响。

专用工具/设备

VAS6150、T10133、VAS6418。

(2) 发动机排气系统故障警报灯报警

车型	CC
行驶里程	25124km

故障现象

车辆行驶过程中发动机排气系统故障灯报警,车辆行驶状况无明显变化。清除故障码后行驶一段时间故障再现。

故障原因

① VAS5052诊断，故障码为08583（系统过浓退出怠速，气缸列1，怠速下系统过稀），如图1-3-43所示。

② 读取发动机数据流，发现在怠速工况下，发动机系统显示组3中第2区数据为1.8g/s，如图1-3-44所示，此组意义为空气流量值。对比其他车辆在同样怠速不开空调情况下，正常时应为2.7g/s左右。因故障车此值偏低，怀疑进气系统有漏气的地方。

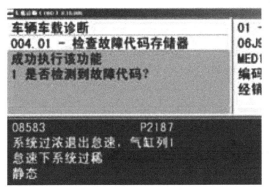

图1-3-43 检查故障码

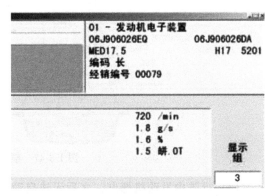

图1-3-44 读取发动机电子装置数据流

③ 检查进气系统相关管路，包括节流阀体、进气歧管、曲轴箱通风及相关连接管路，未发现有漏气的地方。但检查中发现，该车机油尺未完全插入，如图1-3-45所示。

④ 将机油尺完全插入后，再读取发动机系统显示组3中第2区数据为3.0g/s，恢复正常。

⑤ 为验证是否是机油尺未完全插入导致的该故障现象，将路试车的机油尺拔出一段，模仿用户车的情况，进行路试1天后发现该车的发动机排气系统故障灯出现报警，VAS5052读取故障码为08583（系统过浓退出怠速，气缸列1，怠速下系统过稀），如图1-3-46所示。和用户车的故障码完全一样，此时读取发动机系统显示组3中第2区数据为2.0g/s，低于正常值，和用户故障车相差不多。现可确认用户车因机油尺未完全插入，密封不严，导致出现此故障。

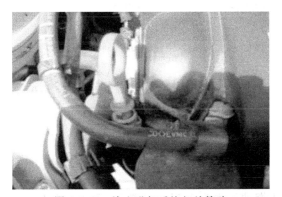

图1-3-45 检查进气系统相关管路

图1-3-46 读取故障码

额外空气从未完全密封的机油尺处进入（图1-3-47），与从空气滤清器进入的空气相混合，导致进气量增大，使混合气浓度变稀。氧传感器检测尾气，发现混合气浓度变稀，通过降低节气门开度来降低进气量，导致发动机进气量为1.8g/s。

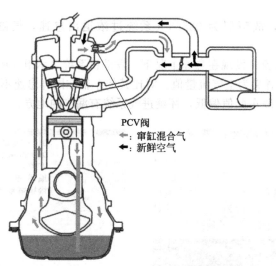

图 1-3-47　额外空气混入进气管

（3）行驶中发动机熄火，之后无法启动

车型	CC 至尊型
行驶里程	4869km

故障现象

车辆启动困难，启动后立即熄火。

故障诊断

① VAS5052A 检测发动机控制单元有 00135（燃油油轨/系统压力过低静态）的故障，清除后再次启动故障码再现，如图 1-3-48 所示。

② 启动时读取 140 组数据流，高压燃油压力为 1.69bar（图 1-3-49）。

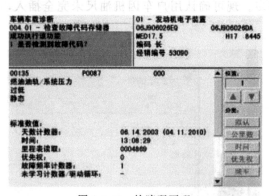

图 1-3-48　故障码再现

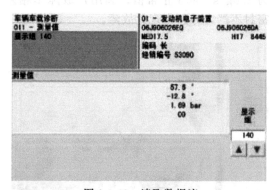

图 1-3-49　读取数据流

③ 使用 VAG1318 测量（高压泵之前）低压燃油压力为 1.7bar（图 1-3-50），燃油压力过低。正常车 VAG1318 测量值为 5.4～6.5bar。

④ 检查 G247、N276 线路及 J538 供电电路均无异常。检查油箱外部燃油输送管路无泄漏。

⑤ 拆检燃油泵发现燃油泵支座与波纹管管接头扣接松脱，如图 1-3-51 所示。

故障原因

燃油泵管接头扣合不牢，车辆颠簸路面行驶后出现松脱，导致燃油泵建立的油压泄漏，输送至高压燃油泵及喷油器喷射压力不足而引起发动机无法启动。

故障排除

将管接头重新扣合，发动机能顺利启动，燃油压力恢复正常。由于该管接头扣合处已疲劳，为了稳妥起见更换燃油泵（L3C0 919 715），故障排除。

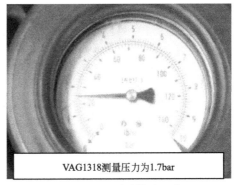

图 1-3-50　测量燃油压力

专用工具/设备

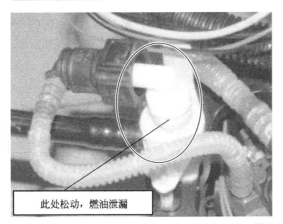

图 1-3-51　燃油泵支座与波纹管

VAS5052A、VAG1318、T10202。

相关提示

此问题在迈腾车上出现过，在给客户更换时，要注意安全。

1.3.4　高尔夫车系

(1) 发动机排气故障灯报警

车型	高尔夫 GTI
行驶里程	23000km

故障现象

发动机排气故障灯报警，加油动力不足。

故障诊断

① 使用 VAS6150B 检测发动机系统有故障码 01089 P0441 000（油箱排气系统通过量不正确），如图 1-3-52 所示。

② 读取发动机 32 组数据流，发动机怠速及部分负荷数据均在 10% 以内，无异常。32 组数据流如图 1-3-53 所示。

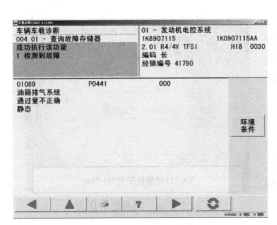

图1-3-52　读取故障码

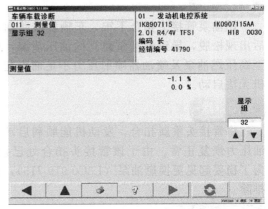

图1-3-53　读取发动机电控系统数据流

规定值：第一区为－10.0%～10.0%（怠速时λ的自学习值）；第二区为－10.0%～10.0%（部分负荷时λ的自学习值）。

③ 读取发动机炭罐电磁阀数据流，如图1-3-54、图1-3-55所示。

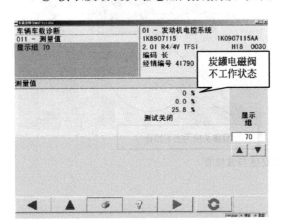

图1-3-54　读取发动机炭罐电磁阀数据流（一）

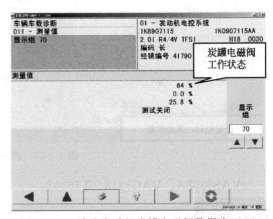

图1-3-55　读取发动机炭罐电磁阀数据流（二）

数据流显示情况与正常车相比没有明显差别。

70组活性炭罐电磁阀数据分析如图1-3-56所示。

图1-3-56　活性炭罐电磁阀数据分析

第一区：炭罐电磁阀开度。

第二区：空燃比控制。

第三区：诊断数值。

第四区：基本设置状态下诊断结果。

④ 在基本设置内检查燃油箱通风系统，TW不正常，如图1-3-57所示。

再次读取数据流查看状态，如图1-3-58所示。

⑤ 炭罐电磁阀检测，当70组第一区数据流有占空比时，炭罐电磁阀可以正常开启，当数据显示"0%"时，炭罐电磁阀可以正常关闭。

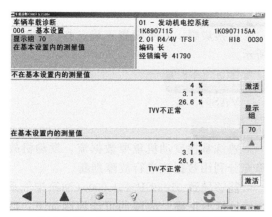
图 1-3-57　读取燃油箱通风系统数据流

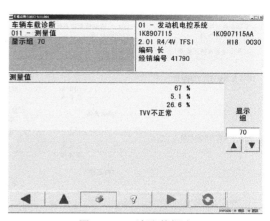
图 1-3-58　读取数据流

⑥ 按照第二区数据流判断炭罐汽油也没有达到饱和状态，决定更换炭罐电磁阀行驶一段时间看看，结果故障再现。

⑦ 检查炭罐电磁阀管道没有发现有漏气情况，之前有车辆出现油气分离器轻微漏气也会产生一样的故障码，更换油气分离器故障依旧。

⑧ 更换活性炭罐后故障排除。

故障原因

对换下的活性炭罐（图 1-3-59）进行检查发现，活性炭罐通气管与大气通气管之间阻力较大，明显通风小，汽油蒸气吸附过多，汽油味较大，与 70 组第二区数据流相比不匹配（数据流显示炭罐正常状态）。

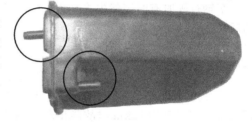
图 1-3-59　活性炭罐

炭罐电磁阀燃油通气管工作原理：带涡轮增压器的发动机还需要安装一个双止回阀，进气压力过低（如怠速运转）时，蒸气会进入进气歧管，如果进气歧管内有增压压力，则蒸气被吸入涡轮增压器的进气侧，双止回阀防止空气被压向活性炭罐方向。

燃油箱燃油蒸气通向控制原理（图 1-3-60）：大负荷通往涡轮增压器，小负荷通往进气歧管，如图 1-3-61 所示。

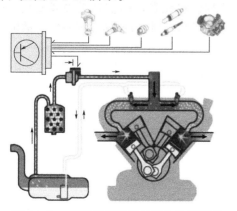
图 1-3-60　燃油箱燃油蒸气通向控制原理

图 1-3-61　燃油箱燃油蒸气通向

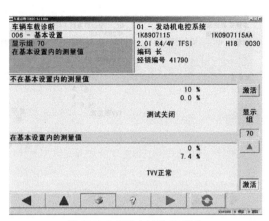

图 1-3-62 再次读取数据流

故障排除

更换炭罐，基本设置正确，如图 1-3-62 所示。

专用工具/设备

VAS6150B。

相关提示

熟练掌握发动机重要数据流，发动机故障充分利用数据流进行故障判断。

能够导致 01089 P0441 000（油箱排气系统通过量不正确）故障的可能原因如下：活性炭罐系统机械部分及电控部分不良；节气门脏；油气分离器轻微漏气；燃油箱不良。

（2）偶发性无动力

车型	高尔夫 1.4TSI
行驶里程	22956km

故障现象

车辆行驶时有时突然失去动力，挡位指示灯闪烁，维修扳手图标闪烁。车辆熄火重新启动后又能正常行驶。

故障诊断

① 初步怀疑发动机、变速器故障导致变速器进入保护模式。

② 查询此车是 24Z2 行动车辆，有可能是软件不匹配导致故障，进行软件升级。然后进行试车，在试车约 15km 时故障出现：挡位指示灯闪烁，维修扳手图标闪烁，加油发动机转速升高但车速下降，熄火重启发动机动力恢复。

③ 连接 VAS5052A 检测 01 发动机有故障码 05668（要求故障灯开激活偶发），02 变速器有 06224（驱动系数据总线发动机控制单元发出的信息丢失偶发）、06226（驱动系数据总线发动机控制单元发出的不可靠信息偶发），03 转动电控系统有 01314（发动机控制单元无信号/通信偶发），如图 1-3-63 所示。

④ 根据故障码 06224（驱动系数据总线发动机控制单元发出的信息丢失偶发）、06226（驱动系数据总线发动机控制单元发出的不可靠信息偶发），分析可能是数据总线有故障。

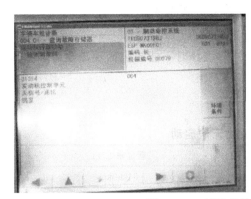
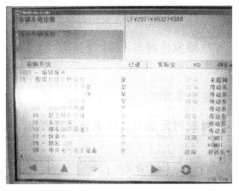

图 1-3-63　读取相关部件数据流及故障码

⑤ 查询维修资料只有动力总线 CAN-H 对地短接后,组合仪表上机油压力、ABS、AIRBAG、ASR 等警报灯均亮而且转速表无显示,多功能显示器出现停车修理的指示。其他短路现象是无法启动发动机或无故障码。

⑥ 检查线路未发现线路损坏、断路。逐一把变速器、发动机等控制单元的 CAN-H 线对地短路检查,只有发动机控制单元的 CAN-H 线对地短路时故障现象和故障码与车辆故障最相似:发动机故障灯常亮、挡位灯闪烁、维修扳手闪烁、挂挡不走,故障码为 06224 和 06226(图 1-3-64)。

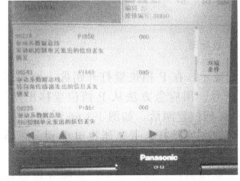
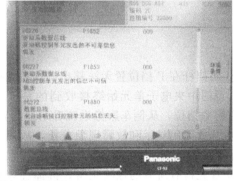

图 1-3-64　查看相关故障码

⑦ 再次重点检查发动机线束无破损,CAN 线电阻正常,是发动机控制单元内部电子元件损坏,更换发动机控制单元,故障排除。

⑧ 经过 1 个多月的跟踪，此车故障没有再出现，一切正常。

> **相关提示**

此车故障发生时与 DSG 变速器死亡闪烁一样，维修时不能被表面现象迷惑，要全面仔细检查。

1.3.5 宝来车系

（1）行驶时无动力、仪表无挡位显示、熄火后无法启动

车型	新宝来 1.4T
行驶里程	84909km

> **故障现象**

车辆行驶时突然失去动力，加油发动机运转正常，挂挡不走车，发动机空转。熄火后无法再次启动发动机，换挡杆在 P 挡位置无法移出。

> **故障诊断**

① 从故障现象初步判断，可能是由于变速器控制单元故障，导致车辆无法走车。熄火后中央电子控制单元得不到 P/N 挡信号，而无法激活起动机的 50 供电。

② 检查故障记忆，自诊断画面显示变速器控制单元无法到达，但可以进入，读到故障码是 06246（驱动系数据总线数据丢失静态）、05940（从选挡杆传感器启用起动机静态），如图 1-3-65 所示。

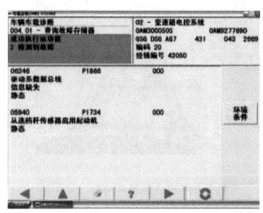 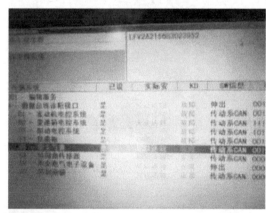

图 1-3-65　读取故障码

③ 换挡杆在 P 挡位置无法移出，仪表无挡位显示。在 P 挡位置打开钥匙，倒车影像就激活。说明中央电子单元始终接收到的是 R 挡信号。用应急方法从 P 挡位置移出换挡杆，不管在哪个挡位，从倒车影像系统看始终是显示 R 挡位置激活，如图 1-3-66 所示。

④ 从故障码显示和故障现象分析，故障点可能在换挡杆、变速器机电单元、线路或加装倒车影像系统。

⑤ 首先检查所有的保险正常，拆掉加装倒车影像系统，故障依旧。拔掉变速器机电单元插头，故障依然没有改变。

⑥ 根据电路图检查变速器供电、接地线正常，换挡杆单元供电、接地正常。当检查动力总线、换挡杆至变速器的连接线时发现，变速器 T25/12 至换挡杆 T10/8 的连线有断路现象，如图 1-3-67 所示。

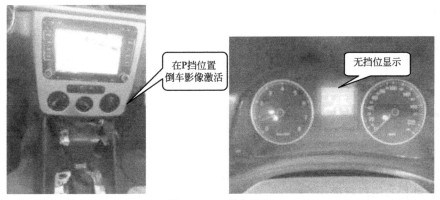

图 1-3-66　倒车影像

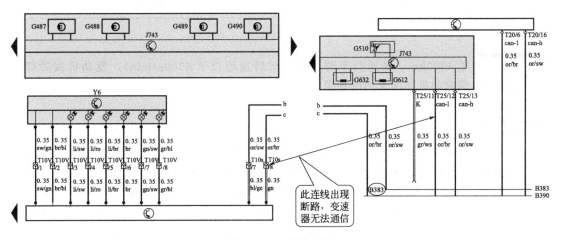

图 1-3-67　故障电路

G487—换挡执行器行程传感器 1；G488—换挡执行器行程传感器 2；G489—换挡执行器行程传感器 3；
G490—换挡执行器行程传感器 4；J743—双离合器变速器机电装置；Y6—选挡杆位置显示；G510—双离合器
变速器机电装置温度传感器；G632—变速器输入转速传感器 1；G612—变速器输入转速传感器 2

⑦ 分段查找断路故障点，当检查至起动机旁线束固定支架处时，发现此处有磨损，拆开外面绝缘保护胶带检查，发现有发生过短路的现象，轻轻一拉此线就断开了，如图 1-3-68 所示。

图 1-3-68　故障线路

⑧ 修复此处线束，处理好外部绝缘保护，再次检查可以正常进入车辆各控制单元，清

除故障码试车,故障排除。

故障原因

由于发动机运转时会不停地抖动,此处线束固定卡与线束长时间摩擦,使线束外部绝缘部分损坏短路,出现过大的电流导致线路断路,导致变速器无法通信。

专用工具/设备

VAS6150、万用表。

相关提示

出现此类故障如不仔细检修,很有可能误判为变速器故障,导致重复维修。

(2) 发动机故障灯报警

车型	新宝来
行驶里程	4500km

故障现象

该车行驶了4500km,高速行车时(发动机转速超过了4500r/min),发动机故障灯报警,报警后出现发动机加速无力的现象。

故障诊断

用VAS5052A检测发现故障码16684(检测到失火)、16685(检测到1缸失火偶发)、16686(检测到2缸失火偶发)、16687(检测到3缸失火偶发)、16688(检测到4缸失火偶发)。

根据故障码分析,首先试更换点火线圈,清除故障码后试车,一切正常。因车主反映只有在高速的情况下才会发生该故障,于是在举升器上挂入挡位行驶,结果当车速超过130km/h,发动机转速超过4000r/min时,发动机开始抖动,同时故障灯再次点亮,车辆出现加速无力的现象。再次试车发现故障的产生工况只是与发动机转速有直接关系,只要发动机转速超过4000r/min,保持2s就会出现发动机故障灯报警现象。

由于发动机监测失火是通过发动机控制单元计算发动机的转速波动得出的,分析可能引起发动机失火故障的主要原因如下:点火系统出现的点火故障导致(如火花塞、高压线、点火线圈等);喷油嘴工作不良导致的发动机转速波动。

曾做过的维修检查项目:测量气缸压力,结果正常;清洗进气道积炭及更换燃油(怀疑油质不好,造成喷油嘴结胶后喷油不均造成失火);用示波仪测量G28和G40的波形,结果正常;更换发动机控制单元,但故障没有排除。

后来,按照一汽大众产品部给出的失火自适应方法对车辆进行了一个全面的自学习,自学习方法如下(该方法只适用于simos发动机控制单元)。

① 先清除发动机控制单元的学习值(01-10-00-确认)。

② 做节气门自适应(01-04-060-确认)。

③ 做segment自适应(01中数据块207),方法是将车辆用举升器上举起(期间要求:确保车辆支撑点安全,高度以车轮离地20~30cm较为安全),将车辆挂入1挡,快速踩下加速踏板(发动机转速超过4000r/min,不摘挡)后迅速收脚,让车车轮转速自行降至最低。然后用同样的方法对2挡、3挡、4挡、5挡都做一遍。

④ 做完自适应后记录207数据块。

⑤ 试车,多数车辆可以通过此方法解决问题,如没有成功,可以多做几次。

说明:对于积炭不严重或使用符合国Ⅳ标准的汽油的车辆,使用该方法可以解决发动机高速失火问题,但是对于经常使用不符合国Ⅳ标准的汽油的车辆,则应考虑油品问题,必要时，可以考虑更换符合国Ⅲ汽油标准的发动机控制单元。

> **故障原因**

该类故障产生的根本原因是，符合国Ⅳ标准的车辆，加入了不符合国Ⅳ标准的汽油。一旦发动机控制单元监控的失火次数超过发动机控制单元的设定值，则发动机控制单元只要再识别到车辆失火，为了保护发动机和保证排放标准，就会立刻点亮发动机故障指示灯。

（3）发动机启动困难

车型	新宝来 1.6L 手动
行驶里程	16985km

> **故障现象**

发动机有启动迹象，但最终发动机无法启动。

> **故障诊断**

① 此车无法启动，将车辆拖回维修站内检查。

a. 使用 VAS5052 检测发动机管理系统及其他电控系统，无故障码存储。

b. 检查发动机配气正时，正常。

c. 检查点火系统及火花塞，除 4 个火花塞电极处比较湿润外，其他均正常。

d. 测量燃油供给系统的压力，压力正常。在拔掉汽油泵熔丝后，多次启动可以启动发动机，但发动机怠速发抖。

e. 偶然打开机油加注口盖时，发现发动机启动时机油加注口处有大量的白烟冒出，并且发动机怠速抖动厉害。

② 根据上述试验分析，确定发动机本身机械方面有问题。

测量缸压后发现第 2 缸只有 6bar，压力明显偏低，可以确定第 2 缸存在问题，如图 1-3-69 所示。

第2缸缸压偏低

其他各缸压力正常

图 1-3-69 测量各缸压力

③ 拆检第 2 缸活塞时，发现活塞的第二道气环断裂成三段，如图 1-3-70 所示。

> **故障原因**

发动机第 2 缸活塞气环断裂后，大量的可燃混合气从活塞气环断裂处窜入曲轴箱里，通过曲轴箱通风系统进入节气门后方，从而导致传感器判断进气量大，发动机控制单元根据进气量调整喷油量，导致喷油量过多，火花塞淹死，发动机无法启动。

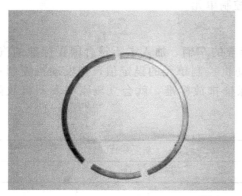

图 1-3-70　活塞环

在打开机油加注口盖后曲轴箱里的"窜气"从机油加注口处排出，曲轴箱内的气体压力变小，无法把油气分离器的膜顶开，"窜气"无法通过曲轴箱通风系统进入节气门后方，此时，发动机可以启动。

把汽油泵熔丝拔掉，多次启动发动机后，进油管内部汽油压力逐渐下降，使喷油嘴的喷油量下降，同时燃烧室内的部分可燃混合物被排出，此时发动机可以启动。

故障排除

更换第 2 缸活塞气环。

专用工具/设备

VAS5052、汽油压力表、气缸压力表、转矩扳手。

相关提示

遇到发动机启动困难时，应根据最基本的方法来制定维修技术方案，不要使问题复杂化。图 1-3-71 所示就是诊断发动机启动困难的最基本的方法。

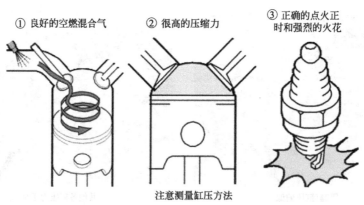

图 1-3-71　诊断发动机启动困难的基本方法

1.3.6　捷达车系

（1）发动机故障灯报警

车型	新捷达
行驶里程	4712km

故障诊断

① 故障码分析。使用 VAS5052A 检测显示 17526 故障（图 1-3-72），更换了氧传感器，试车故障再现。根据故障现象分析，故障原因可能是氧传感器的线路断路或发动机控制单元故障。

② 线路检测。打开点火开关，根据电路图检查氧传感器加热电阻供电，发现无 12V 电压。检查熔丝 S5，发现熔丝熔断；更换熔丝，试车故障再现。根据电路图分析，通过 S5 熔丝除了给氧传感器加热电阻供电外，同时还给活性炭罐电磁阀 N80 和曲轴箱通风加热电阻 N79 供电。检查到活性炭罐电磁阀供电端时发现，供电线路有一处损坏，对地短路。修复线路，更换熔丝，故障现象消失，如图 1-3-73 所示。

图 1-3-72 读取故障码

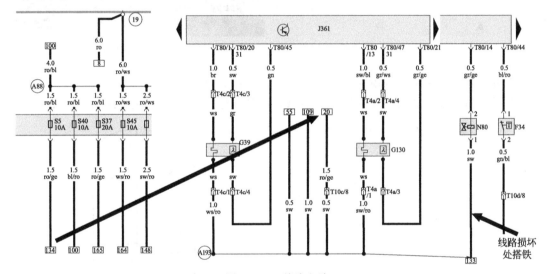

图 1-3-73 故障电路

J361—发动机控制单元；G130—下游氧传感器；G39—氧传感器；N80—活性炭罐电磁阀 1；F34—离合器踏板开关

专用工具/设备

VAS5052A、VAG1526B。

（2）主轴瓦间隙大导致发动机异响

车型	新捷达
行驶里程	5044km

故障现象

发动机在加速时发出"咯咯"声，冷车时声音小，热车时声音大。

故障诊断

① 做断缸试验来判断异响来源于缸体还是缸盖。

a. 拔下 1 缸、2 缸、3 缸的高压线，响声没有变化。

b. 拔下 4 缸高压线时，异响消失，说明异响来自 4 缸缸体。
② 根据爆震传感器的数据流来分析是否有敲缸现象。
a. 读取发动机系统故障记录没有故障码。
b. 检查爆震传感器数据流正常，说明没有敲缸现象，如图 1-3-74 所示。
③ 检查发动机气缸压力正常（1 缸 11bar、2 缸 11.5bar、3 缸 11.3bar、4 缸 11bar）。
④ 检查机油压力，在发动机怠速运转时，压力比正常值偏低，如图 1-3-75 所示。

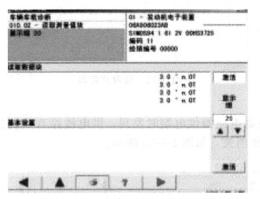 

图 1-3-74　检查爆震传感器数据流　　　　图 1-3-75　检查机油压力

⑤ 从上述结果分析，异响来源于缸体，于是分解缸体检查。
⑥ 检查缸径是否正常，结果发现缸径 A、B 都在标准范围内，如图 1-3-76 所示。

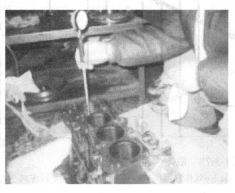 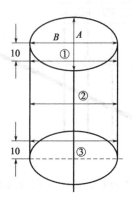

图 1-3-76　检查缸径

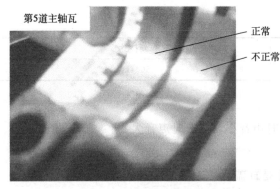

图 1-3-77　检查主轴瓦间隙

⑦ 检查主轴瓦间隙，用塑料塞尺测量结果发现第 5 道主轴瓦间隙大于 0.76mm，故断定问题可能出在第 5 道曲柄或第 5 道主轴瓦上，如图 1-3-77 所示。
⑧ 更换一标准主轴瓦，用塑料塞尺测量第 5 道主轴瓦，结果发现间隙小于 0.15mm，在标准范围内，说明问题出在第 5 道主轴瓦，第 5 道主轴瓦导致曲轴间隙过大。更换第 5 道主轴瓦，异响排除。

故障原因

由于第 5 道主轴瓦薄导致间隙大，

从而发生异响。

专用工具/设备

VAS5052A、塞尺。

相关提示

① 在分析异响故障的过程中，要详细分析异响来源，然后按步骤一一排除。
② 要充分利用维修手册来检查、分析和判断故障。

(3) 发动机异响

车型	新捷达 1.6L 手动
行驶里程	13997km

故障现象

冷车启动后发动机上部发出"嗒嗒"声，行驶约 15min 后异响消失，热车发动机转速 2500r/min 以上时，加速和减速出现异响。

故障诊断

使用专用工具 VAG1342 检测机油压力在标准范围内，拆检气门室盖发现凸轮轴、摇臂、气门挺杆腐蚀且表面变成红褐色（图 1-3-78），有的气门挺杆在缸盖内腐蚀很难取出。

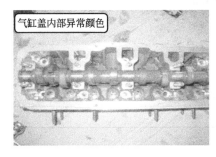
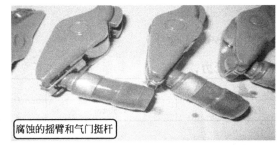
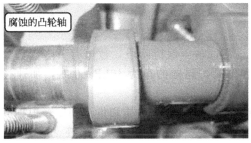

图 1-3-78　气缸盖各部件

更换液压挺杆后试车，怠速"嗒嗒"声消失，但无负荷加油到发动机转速 2500r/min 以上时，收油时发出"哗哗"声。确定异响来自缸体部位，拆检发动机发现连杆及活塞销磨损严重，如图 1-3-79 所示。

故障原因

由于车辆加注了劣质燃油，导致机油变质，造成气门挺杆腐蚀，连杆与活塞销磨损，间隙过大导致异响。

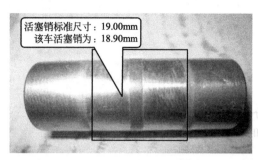

图 1-3-79　连杆及活塞销

> **故障排除**

更换气门挺杆、活塞销、连杆。

> **相关提示**

此故障为燃油中含硫量超标导致。汽油中的硫在高温燃烧时生成的硫化物进入曲轴箱，使机油变质，导致润滑不良，机件异常磨损。

今后遇到类似的发动机异响问题，首先检查机油品质、机油压力、排气气味，必要时再拆检分析。

1.4　典型奥迪车系发动机故障案例

1.4.1　奥迪 A4L 车系

(1) 加速无力，耸车

车型	A4L 2.0T	变速器型号	0AW
行驶里程	4055km	故障频次	一直

> **故障诊断**

① 用 VAS6150B 检测，1、2、3、4 缸失火。更换点火线圈、火花塞、喷油嘴后进行试车，故障依旧存在。

② 测量其燃油压力，低压端为 4.5kPa，正常，高压保持阶段，数值有下降趋势，着车读取高压数据流，怠速时为 50kPa 左右，略有偏高，同样的车为 40kPa 左右，加速过程中油压没什么区别。

③ 点火与喷油都正常，按理论分析，加速无力，有可能是油质和供油问题。根据高压油压的一些异常，拆下高压油泵，发现油泵回位弹簧和柱塞有被汽油侵蚀的痕迹（图 1-4-1）。根

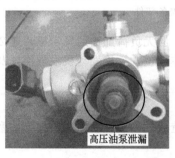

图 1-4-1　高压油泵

据工作原理，此处需要机油润滑，因此是高压油泵内部密封不严导致燃油内泄。更换高压油泵后试车，故障排除。

（2）发动机冷却液报警

车型	A4L PA	故障频次	一直
行驶里程	25410km		

故障诊断

① 用 VAS5052 检测无相关故障码。
② 车辆无漏水现象。
③ 检测水壶正常，液位传感器正常。
④ 重新加入防冻液后试车，发现水温过高开锅，导致防冻液从水壶中溢出。
⑤ 怀疑节温器打不开导致水温过高，从而导致防冻液从水壶中溢出。
⑥ 更换节温器后试车一段时间，故障再现。于是拆检水泵，发现水泵皮带不动。
⑦ 拆检发动机正时链条发现水泵驱动轮螺钉未紧固，导致齿轮打碎，如图 1-4-2 所示。

 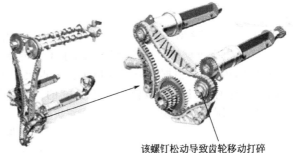

图 1-4-2 拆检发动机正时链条

故障排除

更换发动机总成。

（3）发动机抖动故障灯报警

车型	A4L	发动机型号	CDZA	底盘号	LFV3A28KXB3055934
行驶里程	5038km	变速器型号	0AW		

故障诊断

经检查发动机系统有以下 3 个故障码：P030300（气缸 3 失火）、P130A00（气缸压缩比偶发）、P030400（气缸 4 失火）。

根据故障码拆检火花塞，发现 3 缸火花塞头部有未燃烧汽油，检查气缸压力，发现 3 缸无缸压，拆检发动机发现 3 缸排气门弹簧断裂，如图 1-4-3 所示。

故障排除

更换气门弹簧。

相关提示

因排气门弹簧断裂造成在压缩行程漏气，无法建立气缸压力。

气门弹簧断裂位置

图 1-4-3　拆检发动机气门弹簧

（4）发动机故障灯亮，发动机轻微抖动

车型	A4L 1.8T	发动机型号	CCU	故障频次	一直
行驶里程	3096km	变速器型号	0AW		

故障诊断

① 用 VAS5052 对车辆进行检测，有故障码（增压压力不可靠信号）。

② 读取相应数据块，急速状况下增压压力传感器 G31 的压力为 873kPa，空气压力传感器 F96 为 1020kPa。根据故障导航提示接通点火开关，在不发动的情况下，两个压力基本是接近的，急速时 G31 测的数值要高于 F96 的。G31 的压力低于 F96 的压力，可能是 G31 问题、发动机控制单元问题。

③ 断开节气门管路，猛踩加速踏板，能明显感到压力很足，可以排除管路堵塞的可能，从别的车上调换一个 G31 装上后故障依旧，数据与原来的一样。更换发动机控制单元板后故障还是存在。

④ 之前怀疑过 G31 不好，询问得知备件与 2.0T 通用，所以当时更换的也是 2.0T 的，后来又根据 ETKA 查了，带 G 的是针对 CCU 发动机使用的，找了 1.8T 的车对比确实是不一样的，如图 1-4-4 所示。

图 1-4-4　传感器 G31

故障排除

更换 G31。

相关提示

038 906 051G 适用于 CCU 的发动机。
038 906 051E 适用于 CAD 的发动机。

1.4.2　奥迪 A6L 车系

（1）急速不稳，加速无力，无故障指示灯

车型	A6L	故障频次	一直
行驶里程	70000km		

故障诊断

① 用 VAS505X 检测，报节气门前压力下降。

② 初步判断造成压力下降的可能原因有压力传感器损坏、管路泄漏、增压压力不足、控制单元判断失误等。

③ 无相关 TPI 信息，仔细检查增压管路也没有发现有泄漏的地方。与另一辆同型号车辆对比数据流，增压压力确实低于同型号车。

④ 为了防止增压压力过大或节气门瞬间关闭时给管路和两侧的零部件带来冲击，这套系统设计了一个增压压力再循环阀。这个阀门在不工作时应是伸出状态，在拆卸过程中发现此阀长期处于缩回状态。

故障排除

更换涡轮增压器的增压压力再循环阀（N249）。

相关提示

增压压力再循环阀是为了控制增压压力而设计的，曾经还发现持续伸出的阀门，导致增压软管爆裂。在高转速或节气门快速关闭（急速抬起加速踏板）时，增压管路的压力会很高，所以必须瞬间打开阀门使管路内的压力流向增压器的进气侧，从而有一个气流循环，如图 1-4-5 所示。

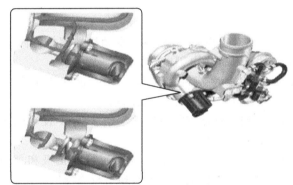

图 1-4-5 增压压力再循环阀

（2）EPC 报警

车型	A6L 2.0T	变速器型号	0AW
行驶里程	13655km	故障频次	经常

故障诊断

① 此车 EPC 报警，初次进站检查有故障码，如图 1-4-6 所示。

图 1-4-6 读取故障码

图 1-4-7 发动机线束搭铁点

② 查看熔丝,更换新的熔丝后,正常。行驶几天后,EPC 再次报警,进站查询后发现故障码和上次一样,分析电路系统可能有虚接或搭铁不良等情况。

③ 由于 EPC 报警是间歇的,建议对所有的故障部件和线路包括发动机控制单元 J623 进行逐一排查。

> 故障原因

N80 电阻值较正常车辆的偏大 5Ω,线路测量正常,发动机线束搭铁点被腐蚀,如图 1-4-7 所示。

> 故障排除

更换 N80(活性炭罐电磁阀 N80),重新打磨固定发动机线束搭铁点。

(3)发动机发抖,废气灯亮,EPC 灯亮

车型	A6L	变速器型号	0AW
行驶里程	150300km	故障频次	静态

> 故障诊断

可能的故障原因有:线路对正极/负极短路;发动机控制单元内部故障;传感器故障或发动机机械故障;J757 发动机部件供电继电器故障。

① 用诊断仪检测故障码为 N80 炭罐电磁阀、N156 进气歧管转换阀、N75 增压压力限制阀、气缸列 1 氧传感器等对地短路/断路故障静态。

② 根据 ELSA 电路图发现传感器有共用熔丝 SA5 及 J757 发动机部件供电继电器,检查熔丝时发现已熔断,更换后再次熔断。

③ 根据故障引导测量 N80、N156、N75、氧传感器的正极和负极、信号线路均正常,排除线路问题,对 J757 发动机部件供电继电器互换后故障依旧。

④ 因发动机控制单元损坏的故障频率比较低,从简单入手,逐一将各传感器插头拔下,发现当拔下 N276 燃油压力调节阀后故障排除,测量传感器为内部短路。

> 故障排除

更换高压泵。

1.4.3 奥迪 A8 车系

(1)车辆无法启动

车型	A8 3.0T	变速器型号	0BK
行驶里程	10682km	故障频次	一直

> 故障诊断

正常停车后无法再次启动,用 VAS5051B 读取 01—发动机电子设备,故障存储器—0 检测到故障/事件。

出现发动机无法启动的故障原因分析如下。

① 无点火电压。

② 无燃油压力或压力过低，尝试启动时在节气门处喷化油器清洗剂，发动机可以正常启动，由此可以确定不能启动是由燃油系统故障导致。检查低压燃油压力，正常（在正常值 3.0~5.6bar 之间），用 VAS5051B 进入 01—发动机电子设备，读取测量值，燃油压力为 30000kPa，不正常，高压侧正常压力应为 4000~11000kPa。由以上数据可以得知燃油压力过高，燃油压力调整是按需调整的，由燃油压力调节阀 N290 控制。

查阅相关维修手册，高压传感器 G247 信号失真时，燃油压力调节阀 N290 会在泵油行程也通电，处于常开状态，这时整个系统压力降低至低压端的 5bar。

断开燃油压力调节阀 N290 线束插头，发动机能正常启动（图 1-4-8），由此断定此故障是由高压传感器 G247 损坏，信号失效导致。

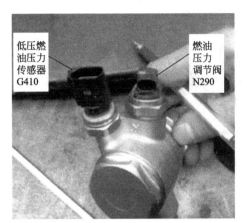 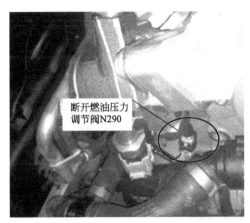

图 1-4-8　燃油压力调节阀

故障排除

更换高压传感器 G247。

（2）发动机左侧缸盖部位发出"嗒嗒"异响

车型	A8 D4	底盘号	WAURGB4H7CN004288
行驶里程	57508km	故障频次	经常

故障现象

冷车启动或熄火 1h 以上，发动机左侧缸盖部位发出"嗒嗒"异响，持续约 5s 恢复正常。

故障诊断

① 异响声音明显感觉为缸盖上机油压力不足/卸压，类似气门听筒声音。
② 大约持续几秒后工作正常。
③ 更换机油及滤清器等均无明显变化，故障现象依旧。
④ 测量机油压力均符合 ELSA 技术要求。
⑤ 通过对比以前 V6 发动机，缸体装有机油单向阀，单向阀发卡时就与此故障现象相似，故拆下机械增压器后检查两个缸盖的机油单向阀，发现此车只安装了两个螺堵，无单向阀。
⑥ 拆检其他 3.0T 发动机装有单向阀，将单向阀拆下后装在此车上着车后故障现象消失，连续试车 2 天故障未再现，如图 1-4-9、图 1-4-10 所示。

 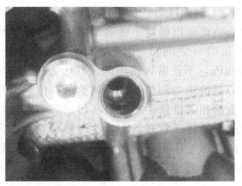

图 1-4-9　机油单向阀的形状

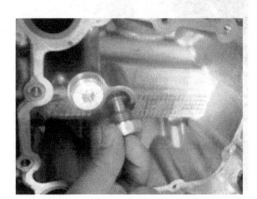 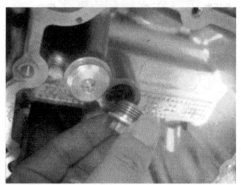

图 1-4-10　机油单向阀的安装

> 故障排除

更换两个缸盖机油单向阀。

（3）车辆长时间停放后，启动时发动机左侧缸盖处发出"嘎啦"声

车型	A8 D4 3.0T	故障频次	一直
行驶里程	36000km		

> 故障现象

车辆停放 30min 左右，启动时发动机左侧缸盖处发出"嘎啦"声。

> 故障诊断

根据声音的来源和声音的类型，初步判断为左侧缸盖链条张紧器发出的声音。声音类似于张紧器没有机油发出的声音。更换链条张紧器，响声依旧。排除了链条张紧器本身的故障。于是将重点转移到机油的供给管路上。研究链条张紧器的机油供油。经对链条张紧器机油管道的研究得知，链条张紧器的供油是通过缸盖的主油道。进一步研究发现缸盖的主油道有一个机油关断阀，如图 1-4-11 所示。

机油关断阀负责阻止缸盖中的机油回流，使缸盖的润滑环境得到改善。六缸发动机有两个机油关断阀，分别负责两个缸盖。位于油气分离器下面，如图 1-4-12 所示。

拆下油气分离器观察机油关断阀，发现根本没有机油关断阀，只是一个螺堵（图 1-4-13，两侧为螺堵，中间的是机油关断阀）。把螺堵换成机油关断阀试车，响声消除。经查看，A8D43.0T 发动机均没有安装机油关断阀，安装的是螺堵。其他的六缸发动机均安装有机油关断阀。

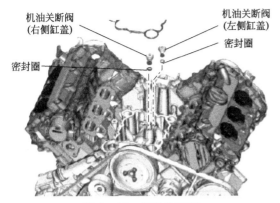
图 1-4-11 机油关断阀

图 1-4-12 机油关断阀安装位置

图 1-4-13 机油关断阀外形

（4）发动机前部有非常明显的漏防冻液的痕迹

车型	A8L W12	变速器型号	0BK
行驶里程	1100km	故障频次	一直

故障诊断

发动机前部有非常明显的漏防冻液的痕迹，但是很难看出防冻液是从哪里漏出来的。因为 A8L W12 前部非常紧凑，无论是在发动机舱的上部，还是下部都很难看出来。用 VAG1274 对发动机冷却系统加压，通过几分钟的测试也没有发现故障点。因为是新车，还没有备件，怀疑是水泵，但是不能确定。如果拆卸水箱框架，客户很难接受，也非常麻烦。没有办法最后只好拆下来检查，发现并不是水泵漏水，如图 1-4-14 所示。

图 1-4-14 发动机上部疑似漏水点

故障排除

重新安装上部水管密封接头，故障排除。

相关提示

A8L W12 如果是发动机前部漏水，不妨先考虑此漏水点。

1.4.4 奥迪 Q5 车系

（1）加速时右前部有哨鸣声

车型	Q5 2.0T	变速器型号	0BK
行驶里程	9728km	故障频次	经常

故障诊断

① 加速行驶时，右前部异响，试车后发现转速在 2200～2500r/min 时现象较明显，分析故障为发动机增压器部件开始工作时，进气流产生的气流摩擦声。

② 重点排查放在右前部进气道部位，检查未发现与增压器连接部件有连接不可靠的情况，查询 TPI 信息，根据 2028619/3（错误），试更换进气管后故障依旧，随后又尝试替换空气滤清器、N249 等部件，故障仍旧无法排除。

③ 尝试断开 N75 后故障消除。

故障原因

① 真空不足。

② 机械调节故障，检查真空度为 680mbar，判断增压器调节机构调节问题引起故障，如图 1-4-15 所示。

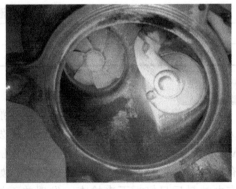

图 1-4-15 涡轮增压器

故障排除

更换涡轮增压器。

（2）发动机启动后抖动

车型	Q5	变速器型号	0BK
行驶里程	6129km	故障频次	经常

故障诊断

① 该车发动机启动后高怠速正常，待转速降到 800r/min 时，发动机抖动严重，出

现多缸缺火现象，检测存储有发动机混合气稀故障，按引导性故障查询诊断后未发现故障。

② 读取数据流，节气门前泄漏显示 -1.00，节气门后泄漏显示 0.99，对比正常车发现正常车节气门前后均为 -1.00，确定节气门后空气泄漏，更换进气道，更换曲轴箱通风阀无效，后细致检查发现气缸盖后部缸盖密封堵塞（图 1-4-16）被吸入缸盖内导致空气泄漏。

故障排除

更换曲轴箱通风阀并打胶，处理气缸盖密封堵塞。

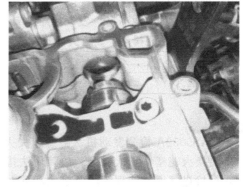

图 1-4-16　气缸盖后部缸盖密封堵塞

（3）发动机怠速抖动

车型	Q5	变速器型号	0AW
行驶里程	16498km	故障频次	多次

图 1-4-17　气缸进气门

故障诊断

① 发动机怠速抖动 EPC 报警，检测发动机控制单元有故障码（4 缸失火偶发故障）。

② 更换点火线圈、火花塞均没有解决问题，检测气缸压力发现 4 缸压力偏低，只有 9bar，其他 3 个缸均在 13bar 左右。

③ 内窥镜检查气缸壁正常。怀疑气缸垫或气门漏气。拆下气缸盖发现 4 缸进气门开裂导致漏气，缸压偏低，发动机怠速抖动，如图 1-4-17 所示。

故障排除

更换 4 缸损坏的进气门。

（4）发动机难启动（启动时间长）

车型	Q5 2.0T	变速器型号	0B5
行驶里程	18000km	故障频次	一直

故障诊断

用 VAS5052A 检测发动机等各系统均没有故障码，检查油路（油压）、蓄电池、启动线路、气缸压力正常，更换火花塞、燃油泵、水温传感器、点火开关，E415 故障依旧，最后拆检燃油高压泵发现液压挺杆（图 1-4-18）的轴承有松旷发卡现象，更换液压挺杆，故障排除。

图 1-4-18　液压挺杆

> **相关提示**

由于液压挺杆的轴承有松旷发卡现象,因此车辆在启动时驱动高压泵的行程变短,从而导致高压系统瞬间供油不足,发动机难启动。

(5) 发动机怠速抖动,2 缸失火严重

车型	Q5 2.0T	变速器型号	0BK
行驶里程	60115km	故障频次	经常

> **故障诊断**

① VAS5052A 检测发动机 2 缸怠速失火明显,高转速时 2 缸失火现象轻微。

② 更换火花塞、点火线圈,故障无法排除。

③ 拆检进气道,清理气门及缸内积炭,并把 1 缸喷油嘴和 2 缸喷油嘴调换位置,着车故障依旧,2 缸怠速仍然失火明显,加速状态下失火现象轻微。

④ 拆检发动机控制单元至点火线圈以及喷油嘴连接导线都正常,调换发动机控制单元故障依然存在。

⑤ 此车失火故障现象只在怠速时明显,高怠速时失火现象轻微。

⑥ 在客户同意的情况下,分解缸盖,仔细检查第 2 缸进、排气门及气门弹簧和摇臂。发现其中一个排气门摇臂的滚针轴承径向间隙较大,如图 1-4-19 所示。

异常排气门摇臂　　　　　　正常排气门摇臂

图 1-4-19　异常和正常排气门摇臂对比

> **故障排除**

更换新的排气门摇臂。

> **相关提示**

气门摇臂轴承径向间隙过大,怠速时排气门开关异常,造成怠速时第 2 缸失火。

1.4.5　奥迪 Q7 车系

(1) 组合仪表间歇性出现红色机油压力不足警报灯报警

车型	Q7	变速器型号	0B5
行驶里程	2574km	故障频次	偶尔

> **故障诊断**

① 此类故障多发生在新车尚未进行首次保养的情况下。

② 此类故障车辆发动机控制单元中多数会有 "05709 P164D 000"(用于机油压力减小的机油压力开关故障)信息存储。

③ 执行系统测试计划,检查机油泵压力调整开关 F378 连接插头正常,测量 F378 处机

油压力比正常值低，测量主油道机油压力开关 F22 处机油压力符合正常工作状态要求。

④ 结合维修手册分析确认在 F22 与 F378 之前部件仅有机油滤清器底座及机油滤清器。

⑤ 拆下机油滤清器，检查发现机油滤芯存在顺时针扭曲变形、高度变矮情况，如图 1-4-20 所示。

图 1-4-20　机油滤清器滤芯

故障排除

更换变形的机油滤芯。

相关提示

此类故障在经销商处已发生多例，均发生在车辆新车状态，且机油滤芯变形痕迹与滤芯壳体罩盖旋紧转动方向一致，机油滤清器在安装时未完全插入到底，导致旋紧壳体罩盖时带动机滤旋转，使机滤受到挤压变形，最终影响到机油压力保持，出现 F378 处测量压力不足情况。

（2）废气灯报警

车型	Q73.0FSI	故障频次	多次
行驶里程	21452km		

图 1-4-21　气缸列真空单元

故障诊断

VAS5052 检测有故障码 08199 P200 7000（进气歧管气流控制风门，气缸列 2，在关闭状态卡死）。拆检气缸列 2 翻板没有卡死。急速急加油，观察两侧真空单元动作有差异，气缸列 1 真空单元推杆伸缩均衡自如。气缸列 2 真空单元推杆回缩时有发卡现象。根据故障导航测试计划，用真空枪测试气缸列 2 真空单元（图 1-4-21）有轻微漏气。

故障排除

更换气缸列 2 真空单元。

（3）发动机无法启动

车型	Q73.0TDI	发动机型号	CRCA	变速器型号	0C8
行驶里程	43656km	故障频次	一直		

故障诊断

行驶时发动机突然抖动，排气管冒烟，熄火后无法再次启动。在排除加错燃油的问题后，用 VAS5052 检测有燃油共轨系统压力过低故障。

故障原因

可能为高压泵、燃油压力调节阀、压力传感器、喷油嘴等故障。根据以前的维修经验初步判断是高压泵的问题，经拆检高压泵没有明显的故障（铁屑）。在拆检高压泵时还发现 4

缸进气门处比其他缸都湿，拆检 4 缸喷油嘴发现是常通的，4 缸喷油嘴泄漏导致油轨压力低。

故障排除

更换 4 缸喷油嘴。

（4）发动机怠速或加油时"咔咔"响

车型	Q7 3.5TFSI	变速器型号	0C8
行驶里程	1736km	故障频次	一直

故障诊断

① 用 VAG5052 检测系统无故障码，发动机、变速器工作正常，观察数据流未发现异常。着车怠速时利用听诊仪检查发现异响部位在变速器与发动机接合处，在起动机位置比较明显。声音类似顶杯损坏时的声音。

② 怀疑飞轮与壳体有摩擦或液力变矩器内部损坏。拆卸变速器总成检查未发现异常。

③ 进一步怀疑正时链条问题，拆检正时链条检查发现右侧凸轮轴正时链条张紧器与曲轴正时链条有摩擦，如图 1-4-22 所示。

图 1-4-22 正时链条

故障排除

更换右侧凸轮轴链条张紧器、曲轴链条张紧器，如图 1-4-23 所示。

图 1-4-23 右侧凸轮轴链条张紧器和曲轴链条张紧器

第2章 变速器部分

2.1 大众、奥迪车系变速器技术特点

2.1.1 大众车系手动变速器技术特点

大众手动挡车型普遍采用了 MQ200 系列的 02T 型 5 挡手动变速器。02T 型变速器为全同步两轴式变速器,所有前进挡都带有同步器,其中 1 挡和 2 挡采用双同步器。输入轴和输出轴平行布置。倒挡采用中间齿轮改变输出轴旋转方向,当挂上倒挡,倒挡换向齿轮啮合到一个位于输出轴和输入轴之间的独立的轴上,输出轴旋转方向被改变。

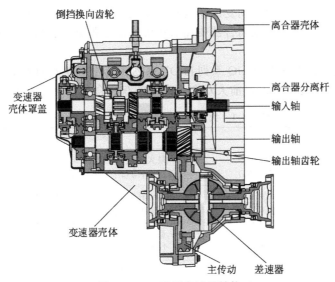

图 2-1-1 02T 型变速器结构

02T 型变速器结构如图 2-1-1 所示,输入轴和输出轴结构分别如图 2-1-2 和图 2-1-3 所示。

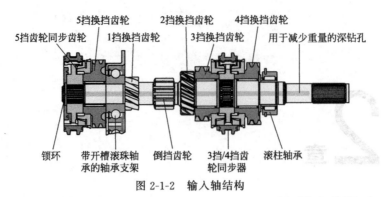

图 2-1-2 输入轴结构

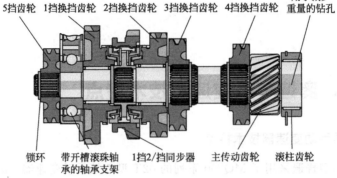

图 2-1-3 输出轴结构

2.1.2 大众双离合器变速器技术特点

双离合器变速器相对其他自动变速器具有传动效率高、燃油经济性好、换挡时不切断动力、换挡迅速等优点。但干式双离合器变速器在市区低速跟车时容易因变速器过热造成换挡冲击。

大众公司双离合器变速器有 DQ 系列和 DL 系列，其中 DQ 系列侧重前置横置前驱，而 DL 系列则为纵置四驱变速器。目前大众车系常用的双离合器变速器如表 2-1-1 所示。

表 2-1-1　大众车系常用双离合器变速器

分类	型号	特征
DQ 系列 （前置前驱）	DQ200 (0AM、0CW)	最大转矩为 250N·m；两个干式离合器；7 个前进挡和 1 个倒挡；自动和手自一体操纵模式
	DQ250 (02E、0D9)	最大转矩为 320N·m；两个多片湿式离合器；6 个前进挡和 1 个倒挡；自动和手自一体操纵模式
DQ 系列 （前置前驱）	DQ380 (0DE)	最大转矩为 420N·m；两个多片湿式离合器；7 个前进挡和 1 个倒挡；自动和手自一体操纵模式
	DQ500 (0HB,前驱或四驱)	最大转矩为 600N·m；两个多片湿式离合器；7 个前进挡和 1 个倒挡；自动和手自一体操纵模式
DL 系列 （前置前驱或 四轮驱动）	DL382 (0CK 前驱)/(0CL 四驱)	最大转矩为 400N·m；两个多片湿式离合器；7 个前进挡和 1 个倒挡；自动和手自一体操纵模式
	DL501 (前置四驱)	最大转矩为 550N·m；两个多片湿式离合器；7 个前进挡和 1 个倒挡；自动和手自一体操纵模式

2018年款大众T-ROC（探歌）使用的DQ381变速器是在DQ380的基础上增加分动箱，后桥增加后部主传动，从而实现四驱。大众T-ROC（探歌）DQ381变速器型号为0GC，同样为湿式7挡双离合器变速器。

(1) 干式双离合器变速器和湿式双离合器变速器的区别

干式双离合器变速器和湿式双离合器变速器主要区别在于双离合器的结构不同。换挡执行机构和齿轮变速器结构原理相同。

干式双离合器由两个尺寸相近的膜片式离合器片同轴相叠安装组成。而湿式双离合器采用两个多片离合器组件，因两个多片离合器组件始终浸在油液中，故称湿式双离合器。干式和湿式双离合器结构分别如图2-1-4和图2-1-5所示。

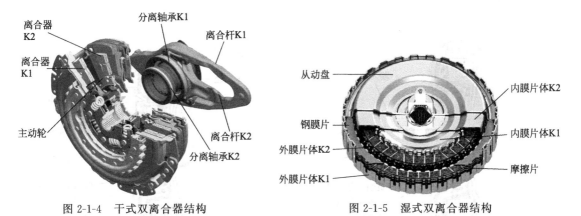

图 2-1-4　干式双离合器结构　　　　　　图 2-1-5　湿式双离合器结构

(2) 双离合器变速器基本原理

双离合器自动变速器实际上由两套彼此独立的分变速器组成。两个离合器各控制一个分变速器的挡位变换。双离合器变速器基本组成如图2-1-6所示。

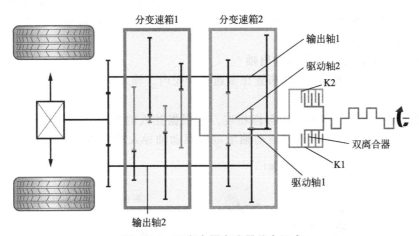

图 2-1-6　双离合器变速器基本组成

① 离合器K1控制原理　当油液从离合器K1进油口进入离合器K1伺服缸内时，液压油便推动离合器K1的活塞压紧离合器片，将离合器鼓与1挡、3挡、5挡、7挡离合器毂连成一体，即将输入轴1与1挡、3挡、5挡、7挡主动轴连成一体，将发动机转矩传入输入轴1。输入轴1上的1挡、3挡、5挡、7挡齿轮便主动旋转，于是，便使输出轴1上的1挡、3挡、5挡及7挡齿轮空转。当需要输出哪一挡时，电控液压便驱动输出轴上的接合套，将该挡空转的

齿轮与输出轴连成一体，便可输出相应挡位。K1离合器动力传递如图2-1-7所示。

综上可知，若变速器只1挡、3挡、5挡、7挡工作不良，应重点检查离合器K1及其相关的油、电路和相关的换挡机构。若只其中一个挡工作不良，应重点检查参与该挡工作的换挡机构及其相关油、电路。

② 离合器K2控制原理　当油液从离合器K2进油口进入离合器K2伺服缸内时，液压油便推动离合器K2的活塞压紧离合器片，将离合器鼓与毂连成一体，即将输入轴与主动轴2连成一体，使输入轴2上的2挡、4挡、6挡、R挡齿轮随输入轴2一同旋转。于是输入轴上的齿轮便驱动与之常啮合的输出轴2上的2挡、4挡、6挡、R挡齿轮空转。当滑套和同步器将空转的某挡位齿轮与轴连成一体时，输出轴便一起旋转，并驱动主减速器齿轮旋转，实现相应挡位的输出。K2离合器动力传递如图2-1-8所示。

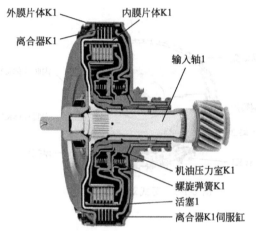

图 2-1-7　K1离合器动力传递

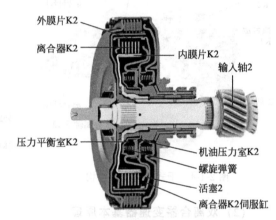

图 2-1-8　K2离合器动力传递

综上可知，若变速器只2挡、4挡、6挡、R挡工作不良时，应重点检查离合器K2及其相关的油、电路和相关的换挡机构。若只其中一个挡工作不良，应重点检查参与该挡工作的换挡机构及其相关油、电路。

(3) DQ系列变速器输入轴和输出轴

输入轴被作为一个紧凑的单元布置在变速器外壳内。输入轴2是中空的。输入轴1穿过中空的输入轴2运转。

输入轴1与离合器之间通过啮合齿相连。它根据挂入的挡位将发动机转矩传递给输出轴。每根轴上都有滚动轴承，通过滚动轴承可将驱动轴导入外壳内。输入轴结构如图2-1-9所示。

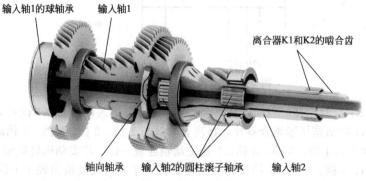

图 2-1-9　输入轴结构

输入轴 1 和离合器 K1 通过啮合齿相连，将发动机输入转矩传递给 1 挡、3 挡、5 挡、7 挡主动齿轮，如图 2-1-10 所示。为了获取输入轴 1 的转速，在此轴上装有用于检测输入轴转速的传感器轮。

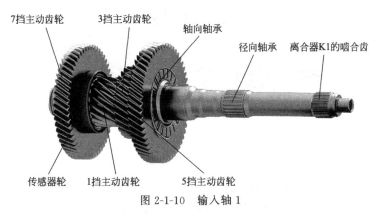

图 2-1-10　输入轴 1

输入轴 2 是空心轴。它与离合器 K2 通过啮合齿相连。通过输入轴 2 可以实现 2 挡、4 挡、6 挡和倒挡之间的切换，如图 2-1-11 所示。为了获取输入轴的转速，在此轴上装有用于检测输入轴 2 转速的传感器轮。

在输出轴 1 上安装有 1 挡、4 挡、5 挡和倒挡齿轮，1 挡/5 挡同步器，4 挡/倒挡同步器，驻车齿轮等，如图 2-1-12 所示。

在输出轴 2 上安装有 2 挡、3 挡、6 挡和 7 挡齿轮，3 挡/7 挡同步器，2 挡/6 挡同步器，倒挡惰轮等，其中，2 挡、3 挡同步器为三倍同步器，6 挡、7 挡同步器为单倍同步器，如图 2-1-13 所示。

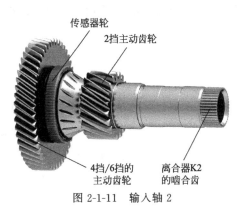

图 2-1-11　输入轴 2

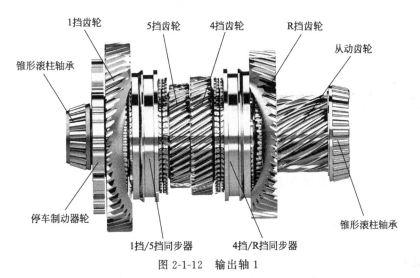

图 2-1-12　输出轴 1

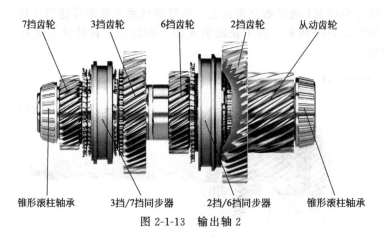

图 2-1-13 输出轴 2

(4) DL 系列变速器输入轴和输出轴

DL 系列变速器工作原理与 DQ 系列相同。因纵置需要变速器输入轴和输出轴安装布置形式不同。奥迪 Q5 车系 0B5 7 挡湿式双离合器变速器输入轴、输出轴如图 2-1-14 所示。

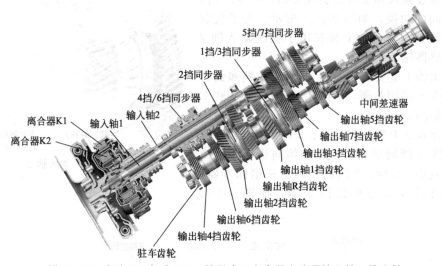

图 2-1-14 奥迪 Q5 车系 0B5 7 挡湿式双离合器变速器输入轴、输出轴

2.2 大众双离合器变速器技术通报

2.2.1 DQ 系列变速器

(1) DQ200 变速器起步或低速换挡时异响

故障现象

起步或低速换挡时异响。

故障原因

压盘上的车削纹印在垫片上。行驶一定里程后压盘和垫片都变光滑。此时，在变速器输入轴的离合器片上产生径向振动，在压盘上产生轴向振动。

解决措施

压盘精密车削,并通过试验和路试验证。

故障排除

更换双离合器。

(2) DQ200 变速器起步或加速时发动机飞轮异响

故障现象

起步或加速时飞轮异响。

故障原因

车辆涉水后,水进入变速器,导致飞轮黄油流失,弹簧生锈,如图 2-2-1 所示。

图 2-2-1 飞轮内部损坏

解决措施

采用封堵进水孔的方法。

故障排除

更换飞轮。

相关提示

注意与变速器内部异响区分。

(3) DQ200 变速器报警且挂挡车不走(故障码 P189C00)

故障现象

仪表报警(图 2-2-2),挂挡不走车,有故障码(图 2-2-3)。

图 2-2-2 仪表报警

图 2-2-3 故障码显示

P189C00：功能故障，由于压力累积不足，并伴随以下故障码。
P084100：液压压力传感器1，变速器不可信信号。
P17BF00：液压泵频繁操作锁止功能。

> **故障原因**

变速器机电控制单元电路板问题，导致相连的油泵电机电路中的电阻过大，使电机无法启动，因而没有足够的油压供给。该情况下，换挡无法进行，离合器也无法接合。

> **故障排除**

更换机电控制单元。

(4) DQ200变速器报警且挂挡车不走（故障码P189500）

> **故障现象**

仪表提示变速器故障（图2-2-4），挂挡不走车，有故障码存储（图2-2-5）。
P189500：功能故障，由于压力下降，并伴随以下故障码。
P176A00或P176D00：挡位调节器1或4不可调节。

图2-2-4 仪表报警　　　　　　　　　图2-2-5 故障码显示

> **故障原因**

当车停放时（库存时间较长，一般超过一年且在我国南方），受油压和空气湿度影响，ATF产生硼沉淀物并聚集在阀体板里面。

> **故障排除**

更换机电控制单元。

> **相关提示**

P176B、P176C有TPI2032194指导升级，注意区分。

(5) DQ200（0CW）变速器挂倒挡车不走（故障码P072B00）

> **故障现象**

无法挂入倒挡，挂入倒挡不走车，有故障码P072B00（无法挂接倒挡）。

> **故障原因**

① 变速器内部的锁止啮合齿损坏。

② 挡位调节器棘爪损坏（激光电焊机中防护玻璃上有残留物，导致 6 挡/R 挡换挡拨叉和换挡滑杆的焊接深度不够，在变速器使用过程中分离，如图 2-2-6 所示）。

③ 机电控制单元液压系统损坏。

故障排除

满足原因①和②，则更换变速器总成；满足原因③，建议更换机电控制单元（排除其他故障原因）。

图 2-2-6 挡位调节器棘爪

相关提示

有此故障码不一定是机械故障，要逐项排查。

(6) DQ250（02E）变速器偶尔报警且无倒挡（故障码 P271100）

图 2-2-7 仪表报警

故障现象

仪表报警（图 2-2-7），无法升挡，无倒挡，有故障码 P271100（变速器换挡程序不可信）。

故障原因

受温度影响输入轴上的转速传感器靶轮打滑或松动，使输入轴转速传感器信号不可信，分变速器关闭。

故障排除

更换输入轴总成。

相关提示

不要进行更换机电单元等尝试性维修，更换机电单元无法解决问题。

(7) DQ500（0BH）变速器漏油

DQ500（0BH）变速器存在顶部壳体（散热器下部）、滤清器、差速器壳体、发动机与变速器连接处和中间壳体等几个漏油点，如图 2-2-8 所示。

① 顶部壳体漏油

故障现象

变速器顶部壳体处，散热器下部有 ATF 油液渗出，如图 2-2-9 所示。

故障原因

壳体存在砂眼。

故障排除

更换变速器总成。

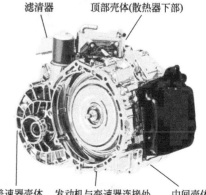

图 2-2-8 DQ500（0BH）变速器漏油点

相关提示

如果变速器底部漏油，应检查漏油是否来自顶部；先清理干净，涂抹滑石粉试车。

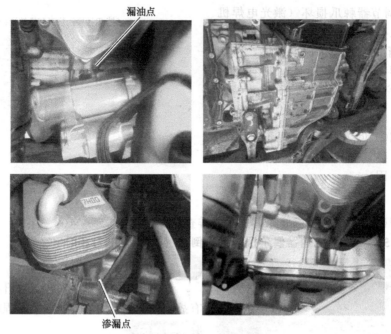

图 2-2-9 顶部壳体漏油

② ATF 滤清器漏油

故障现象

ATF 滤清器漏油，如图 2-2-10 所示。

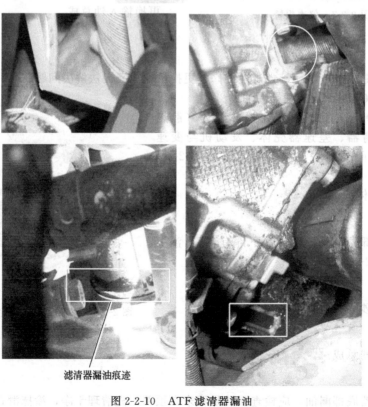

图 2-2-10 ATF 滤清器漏油

故障原因

在滤清器壳体的螺纹中存在微小杂质。

解决措施

在供应商处优化滤清器壳体清洁工序。

故障排除

更换滤清器壳体。

相关提示

准确确定漏油位置,避免重复维修。

③ 发动机与变速器连接处漏油

故障现象

变速器与发动机连接部位漏油,如图 2-2-11 所示。

图 2-2-11　发动机与变速器连接处漏油

故障原因

离合器盖板和密封件不合格。

相关提示

如果变速器底部漏油,应检查漏油位置;先清理干净,涂抹滑石粉试车。

④ 中间壳体漏油

> **故障现象**

变速器中间壳体接缝处漏油，如图 2-2-12 所示。

> **故障原因**

密封失效。

> **相关提示**

如果变速器底部漏油，应检查漏油位置；先清理干净，涂抹滑石粉试车。

图 2-2-12　中间壳体接缝处漏油

⑤ 差速器壳体漏油

> **故障现象**

变速器右侧差速器壳体漏油，如图 2-2-13 所示。

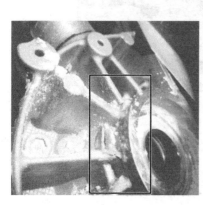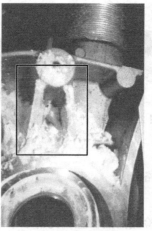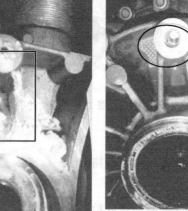

变速器油从螺栓孔漏出

图 2-2-13　差速器壳体漏油

故障原因

变速器右侧差速器壳体存在砂眼。

解决措施

改进壳体相关尺寸。

故障排除

确认为右侧差速器壳体漏油后,更换变速器总成。

> **注意**
>
> 清理油迹,涂抹滑石粉,试车,确定漏油位置;注意区分漏油处是壳体还是油封,若为油封漏油,则更换油封即可;对于四驱车型,需拆掉分动箱确认漏油位置。

(8) DQ500(0BH)变速器异响

DQ500(0BH)变速器异响原因与应对措施如表 2-2-1 所示。

表 2-2-1 DQ500(0BH)变速器异响原因与应对措施

问题	故障现象	应对措施	备注
3 挡异响	2 挡升 3 挡 4 挡降 3 挡	更换变速器总成	注意变速器生产时间
5 挡异响	5 挡	软件升级	
Haldex 离合器异响	冷车打方向行驶时异响	更换 Haldex 离合器片	不需要更换后差速器

① 2 挡升 3 挡或 4 挡降 3 挡时异响

故障现象

冷车状态,2 挡升 3 挡或 4 挡降 3 挡时有"咔"的一声,热车时消失或减弱。

故障原因

3 挡同步环质量不合格。

故障排除

更换 3 挡同步环或变速器总成。

相关提示

更换变速器总成时必须查看变速器的生产日期(图 2-2-14),生产日期在 2013.5.27 至 2014.11.14 范围内的变速器可更换总成。2014.11.14 之后生产的变速器总成已经解决了该问题。

图 2-2-14 变速器生产日期

② 5挡行驶异响

故障现象

挂入5挡以50~60km/h的速度匀速行驶时，可以听到"咻"的一声，又短又响，在暖机运行状态下，这种噪声更响。

故障原因

软件问题。

故障排除

无需更换变速器总成，进行软件升级即可。

③ 装配DQ500（0BH）变速器的四驱车型后差速器异响

故障现象

后差速器发出异响。后差速器安装位置与外观如图2-2-15所示。

图2-2-15 后差速器安装位置与外观

故障原因

Haldex机油泵被杂质堵塞；haldex离合器片引发噪声。

解决措施

改进机油泵活塞和离合器片。

故障排除

更换haldex离合器片。

相关提示

此故障为偶发，噪声为冷车启动、高负载、打方向时四驱车型后差速器异响。

(9) DQ380（0DE）变速器共性故障

DQ380（0DE）变速器常见共性故障主要有漏油、换挡噪声和报警等。故障现象及可能原因如表2-2-2所示。

表2-2-2 DQ380（0DE）变速器共性故障现象及可能原因

问题	故障现象	故障可能原因
漏油	滤清器处	密封失效
	发动机与变速器连接处	离合器盖板密封问题
	通气孔处	密封失效或安装问题

续表

问题	故障现象	故障可能原因
异响	1挡、2挡、3挡、4挡之间换挡噪声	载荷变化导致
报警	偶发	软件问题
	静态	—

① 滤清器处漏油

故障现象

变速器滤清器漏油。

故障原因

装配过程中滤清器密封圈变形导致漏油，如图 2-2-16 所示。

故障排除

更换滤清器壳体。

注意

变速器下部出现油迹，不一定来自壳体砂眼或接缝，需检查滤清器处是否漏油，如图 2-2-17 和图 2-2-18 所示。

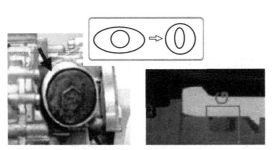

图 2-2-16　O形圈凹槽变形

图 2-2-17　变速器下部油滴

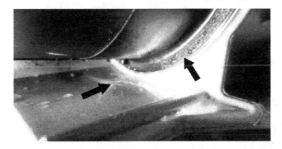

图 2-2-18　滤清器根部及下方平台处油迹

分析指导

① 在冷车状态下检测，确保变速器温度低于 20℃。
② 清理整个变速器，尤其是滤清器下方的平台。

③ 启动发动机，怠速静置30min。

④ 如果在滤清器下方发现油迹，则可以确定为滤清器漏油，如图2-2-19所示。

相关提示

安装新的滤清器壳体前，检查滤清器与变速器壳体接触面（图2-2-20）处是否有划痕；确保安装拧紧力矩达到50N·m。

 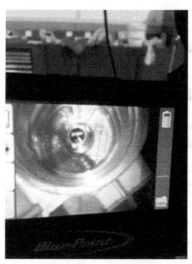

图2-2-19 滤清器下方平台上的油迹　　　　图2-2-20 检查接触面

② 发动机与变速器连接处漏油

故障现象

下护板上、发动机与变速器连接处有油迹，如图2-2-21所示。

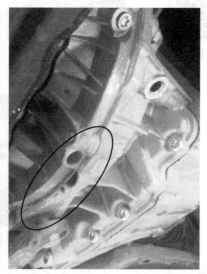

图2-2-21 发动机与变速器连接处漏油

故障原因

离合器盖板和密封件不合格。

故障排除

更换离合器盖板。

③ 通气孔处漏油

故障现象

在通气孔处出现油迹,如图 2-2-22 所示。

故障原因

通气孔质量问题或通气孔帽安装不当,如图 2-2-23、图 2-2-24 所示。

图 2-2-22 通气孔处出现油迹

故障排除

更换相关部件。

图 2-2-23 通气孔变形

图 2-2-24 通气孔帽内密封圈变形

 注意

在变速器底部发现油迹时,建议检查通气孔处是否有漏油。

④ 1 挡、2 挡、3 挡、4 挡之间换挡有噪声

故障现象

在换挡时出现换挡噪声或抖动。

故障原因

载荷变化导致换挡噪声或抖动。

故障排除

进行电控单元软件升级。

⑤ 变速器报警"系统故障,继续行驶受到限制",车辆无法升 2 挡并无倒挡

故障现象

变速器报警"系统故障,继续行驶受到限制",此时车辆无法升 2 挡并无倒挡,有故障码 P071500 和 P276500,如图 2-2-25 所示。

事件存储器条目
编号：
故障类型 2：
症状：
状态：

P071500：变速箱输入转速传感器1 电路电气故障
被动/偶发
10753
10101000

事件存储器条目
编号：
故障类型 2：
症状：
状态：

P276500：变速箱输入转速传感器2 电路电气故障
被动/偶发
10754
00101000

图 2-2-25　故障码显示

> **故障原因**

在特定条件下（空气、温度变化等），传感器（图 2-2-26）在初始化阶段出现问题，无法向电控单元提供信号，导致相应的分变速器被断开，发动机重启后，故障消失。

> **故障排除**

进行电控单元软件升级。

⑥ 滑行时仪表显示 D3→D2→D3→D2，出现跳挡现象。

> **故障现象**

滑行时仪表显示 D3→D2→D3→D2，即滑行到 2

图 2-2-26　输入轴转速传感器

挡时会出现跳挡的情况。

> **故障原因**

电控单元软件问题。

> **故障排除**

进行电控单元软件升级。

2.2.2　DL 系列变速器

（1）DL382 变速器因搭铁线造成的 D 挡和 R 挡有时不走车

> **故障现象**

车辆 D 挡和 R 挡有时不走车，有故障码 P060700（症状号 21014）。

> **涉及车型**

C7PA（奥迪新款 A6L）2016—2017 年款。

> **故障诊断**

02 地址仅有一个故障码 P060700（控制单元不可信），症状号为 21014，如图 2-2-27 所示。

> **技术背景**

这是转向系统电控单元供电电压受到离合器压力传感器干扰所导致的。

> **故障排除**

按照下面所示的方法更改变速器搭铁线务必遵守工作顺序，以免后续损伤。

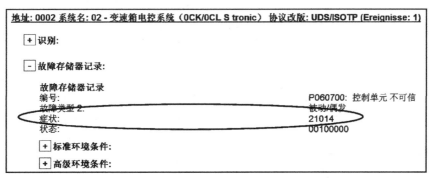

图 2-2-27 故障码显示

 注意

执行该操作的前提：仅有一个故障码 P060700，且其症状号为 21014；如果 02 地址包含多个故障码，确定主要故障码后，进行引导性故障查询。

① 取下变速器插接器的盖板。
② 拔出接触件保险（针脚 2，颜色为棕色，横截面积为 $6mm^2$），如图 2-2-28 所示。
③ 从插接器中拔出变速器接地导线，如图 2-2-29 所示。

图 2-2-28 拔出接触件保险

图 2-2-29 拔出变速器接地导线

④ 剪下接地导线前端的接触件，如图 2-2-30 所示。
⑤ 解开现有线束周围的绷带，以露出接地导线，如图 2-2-31 所示。

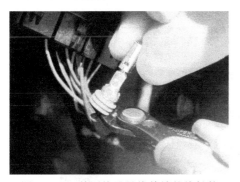

图 2-2-30 剪下接地导线前端的接触件

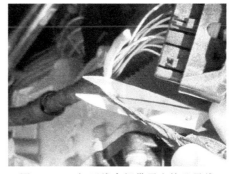

图 2-2-31 解开线束绷带露出接地导线

图 2-2-32　在接地导线上套上收缩软管

⑥ 在露出的接地导线上套上整根收缩软管，如图 2-2-32 所示。

⑦ 加热收缩软管，此时注意周围的部件和插接器（损坏危险），如图 2-2-33 所示。

⑧ 检查用于密封的收缩软管内部粘接剂是否溢出（密封性检测），如图 2-2-34 所示。

⑨ 将接地导线扎回到现有的线束上，并用绷带固定住，用绷带在标记区域内完整缠绕这根已扎回的导线，如图 2-2-35 所示。

图 2-2-33　加热收缩软管

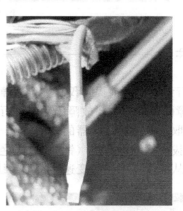

图 2-2-34　检查密封性

图 2-2-35　将密封好的接地导线扎回现有线束内并用绷带完整缠绕

⑩ 取一根图 2-2-36(a) 所示的接地适配导线，在图 2-2-36(b) 所示的变速器插接器后方插入 2 号针脚。

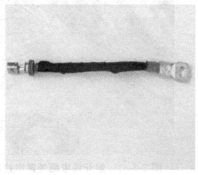

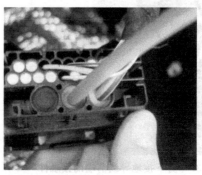

图 2-2-36　新的接地适配导线插回变速器插接器 2 号针脚

注意

必须卡止在正确位置。

⑪ 重新锁止已安装适配导线的变速器插接器上针对针脚 2 的保险。

⑫ 在当前绷带包扎情况下缠绕住已安装的适配导线,如图 2-2-37 所示。

⑬ 安装变速器插接器的盖板并注意正确卡止,如图 2-2-38 所示。

图 2-2-37　新的接地适配导线缠绕进线束内

图 2-2-38　安装插接器盖板

⑭ 在变速器上安装插接器,并避免弯折接地导线,如图 2-2-39 所示。

⑮ 按照图 2-2-40 敷设适配导线,并预固定在凸台上。

图 2-2-39　安装插接器

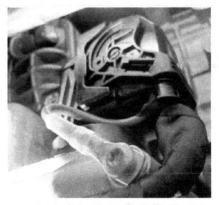

图 2-2-40　新的接地导线的敷设和固定

⑯ 用螺栓将接地导线拧到凸台上。此时注意按照图 2-2-40 正确敷设导线(拧紧力矩:9N·m)。

(2) DL382 变速器油底壳漏油

故障排除

① 重新使用 5N·m 力矩拧紧油底壳螺栓。

② 如果试车依然渗油,更换变速器 ATF 油底壳。

(3) DL382 变速器在 D 挡、R 挡、M1 挡时踩加速踏板不走车

故障现象

在 D 挡、R 挡、M1 挡挂挡加油不走车,有故障码 P17F9。

故障诊断

① 02 地址有故障码 P17F9（驻车锁止机械故障）。
② 按照维修手册，检查 MTF 和 ATF 油位是否正常。

故障原因

检查油位不正常，MTF 过多，ATF 明显过少。蓄压器密封不严，导致 ATF 油液混入 MTF 油液中。

故障排除

更换变速器总成，检查油位正常。

（4）DL382 变速器报警，偶尔发动机不启动

故障现象

变速器报警，偶尔发动机不启动，有故障码 P280500（症状号为 20779），如图 2-2-41 所示。

```
地址: 0002 系统名: 02 - 变速箱电控系统（0CK/0CL S tronic） 协议改版: UDS/ISOTP (Ereignisse: 2)
[+] 识别:

[-] 故障存储器记录:
    故障存储器记录
    编号:                                              P280500: 行驶挡位传感器 偏差
    故障类型 2:                                        被动/偶发
    症状:                                              20779
    状态:                                              00100000
```

图 2-2-41　故障码显示

故障诊断

02 地址有故障码 P280500（行驶挡位传感器偏差），症状号为 20779。

故障类型

主动/静态或被动/偶发。

故障排除

P2805（20779）主动/静态故障：更换行驶挡位传感器和变速器电控单元。
P2805（20779）被动/偶发故障：软件升级。

（5）DL382 变速器 MTF 油泵异响

故障现象

怠速或行驶中，变速器底部发出"吡吡"声。

故障诊断

判定异响来自于 MTF 油泵部位，拔掉 MTF 油泵插头，试车判定异响是否消除。注意保持插头干净，不污染。

故障排除

如果 MTF 插头拔掉，异响消失，且异响来自于 MTF 油泵部位，需更换 MTF 油泵。

（6）车辆在 40km/h 加速时，车辆底部有异响

故障现象

车辆在 40km/h 加速时，车辆底部发出"嘎嘎"或"咯咯"声。

> **技术背景**

ABS/ESP 系统进行短时自检,自检过程中液压单元的所有阀都会运行,且回油泵会短时启动。

> **故障排除**

为了确保 ABS/ESP 系统的功能正常,必须进行该自检。由此产生的噪声无法避免;自检噪声属于运行噪声,并非变速器故障。

> **相关提示**

一般来说,该 ABS/ESP 自检/运行噪声仅发生一次/一个点火周期,即行驶过程中 ABS/ESP 自检成功一次,在停车/点火开关关闭之前,一般不会再次自检。

(7) DL501 变速器偶尔出现 D1 挡不升挡,不能升入 D2 挡故障

> **故障诊断**

DL501 变速器偶尔不能挂入 D2 挡,无故障码存储。

> **故障原因**

造成该故障的原因如图 2-2-42 所示。

图 2-2-42 故障原因

这项行驶性能是必须的,用于保护变速器过热,对硬件没有损坏。

建议:停车等待变速器冷却。

不建议:继续行驶,将发动机转速提升到 4500r/min 以上进行强制升挡。

(8) DL501 变速器渗油

> **涉及车型**

B8/A5/C7/C7PA/A7 2010—2016 年款。

> **渗油位置**

常见渗油位置有中间壳体接缝、油底壳、中央差速器壳体与前部万向节轴法兰之间,如图 2-2-43 所示。

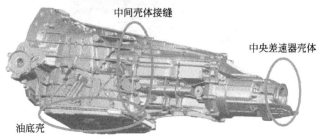

图 2-2-43 常见的渗油位置

① 中间壳体接缝漏油。如图2-2-44所示，借助滑石粉或泄漏探测喷雾剂确定漏油位置（在本例中是变速器壳体与中间壳体之间泄漏）。

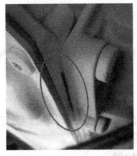

图2-2-44　确定漏油位置

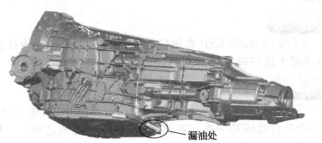

图2-2-45　密封不严导致漏油

变速器和中间壳体的切割位置密封不严可能导致变速器油流入油底壳和变速器壳体之间的间隙内，如图2-2-45所示。由于毛细作用，机油可能会扩散到油底壳密封件的整个区域。在执行第一次目检时，会觉得是油底壳或油底壳密封件泄漏。因此，必须按照如上所述进行检测，以免造成返修。

如果在变速器壳体与中间壳体之间出现泄漏，则根据维修手册密封变速器。

② 油底壳漏油。只有在可以排除变速器壳体与中间壳体之间出现泄漏的情况下，才可能是其他位置出现泄漏。油底壳漏油具体表现在油底壳密封件上的泄漏、油底壳上出现裂纹。

按照维修手册拆下油底壳后，必须以规定力矩拧紧机电控制单元的紧固螺栓，机电控制单元螺栓松动会造成油底壳内部损坏，如图2-2-46所示。更换松动的螺栓。再次检查油底壳内部是否损坏（裂纹或螺栓松动），必要时予以更换。如果油底壳无明显损坏，则只需更换油底壳密封件。

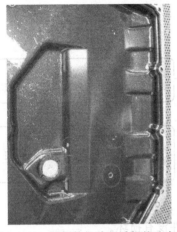

图2-2-46　因螺栓松动而受损的油底壳

 注意

按照维修手册拆下油底壳后，必须以规定力矩拧紧机电控制单元的紧固螺栓。

③ 中央差速器壳体与前部万向节轴法兰之间漏油。此位置漏油如图2-2-47所示。发生

图2-2-47　中央差速器壳体与前部万向节轴法兰之间的漏油

泄漏，更换径向轴密封环。

2.3 典型大众车系变速器故障案例

2.3.1 迈腾车系

（1）09G 变速器升挡冲击

车型	迈腾 1.8TSI
行驶里程	2000km

故障现象

09G 自动变速器 2 挡升 3 挡冲击。

故障诊断

如图 2-3-1 所示。

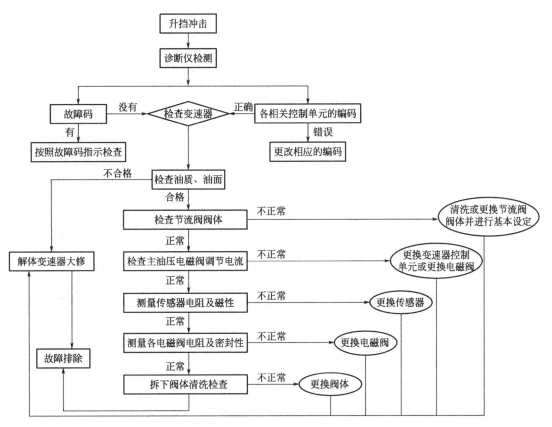

图 2-3-1 诊断过程

故障原因

自动挡车在急加油时会出现一个强制降挡的过程，车速为 20~30km/h 时是 2 挡要升入 3 挡的换挡点，这时减油即减小发动机负荷，车辆会从 2 挡升到 3 挡（如不再踩下加速踏板，正常的升挡过程会很平顺），但是这时若加油即加大发动机负荷，发动机和变速器控制单元会认为驾驶员要超车，因此汽车被强制降低一个挡位行驶（注意，09G 变速器如果此时正处于 6 挡行驶，突然加油后会从 6 挡直接降到 3 挡行驶），以满足驾驶员的需求，此时出现冲击是正常的。

如果换挡过于粗暴，可能原因如下。

① 变速器油压低，导致在急加速时变速器内部的油流动不畅，产生气泡，使离合器不能得到足够的油压，所以接合粗暴。

a. 变速器内部缺油。

b. 油质过脏。

c. 变速器的过滤器堵塞。

d. 油泵长期使用，其磨损间隙过大（在保修期内一般不会出现这种现象）。

② 变速器内部电磁阀（图 2-3-2）工作不良（概率很大）。可以先测量一下 N90 和 N283 的电阻是否超差。

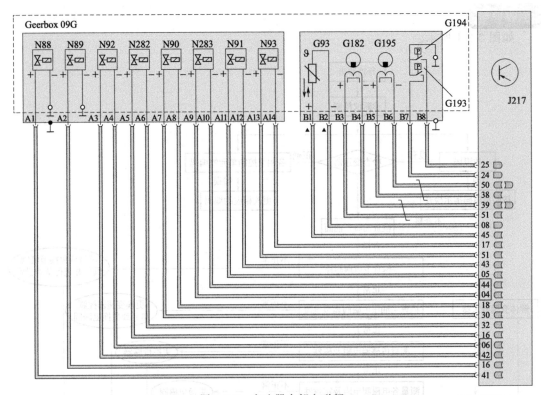

图 2-3-2　变速器内部电磁阀

制动器 B1 和离合器 K3 之间存在转换的过程，又因为电磁阀 N90 和电磁阀 N283 都是随电流增大压力降低的，所以制动器 B1 和离合器 K3 产生干涉原因如下。

a. 电磁阀 N90 断电时压力不能迅速下降，即因离合器 K3 不能顺利接合，造成离合器 K3 与制动器 B1 产生运动干涉，从而换挡粗暴。

b. 电磁阀 N283 通电时压力不能迅速升高，即因制动器 B1 不能顺利接合，造成制动器 B1 与离合器 K3 产生运动干涉，从而换挡粗暴。

③ 由发动机转矩变化产生的干涉。产生影响的原因是重叠换挡时控制时间有问题，造成冲击。发动机在换挡时推迟点火时间以达到减小转矩的目的，进而使换挡平顺，一旦发动机转矩干涉和变速器的转矩传递不在一个时间重叠，便会产生冲击，如图 2-3-3

所示。

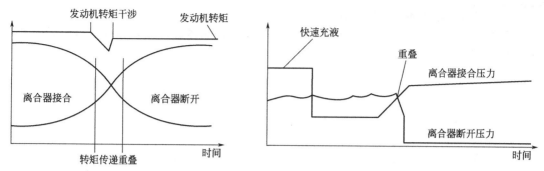

图 2-3-3　发动机转矩干涉和变速器的转矩传递曲线

④ 变速器内部执行元件本身的问题。在 2 挡换 3 挡的过程中，参加工作的执行元件有 K1、K3 和 B1，可能产生换挡粗暴的原因是离合器和制动器的间隙过大或过小产生运动干涉，离合器是一个运动部件，运动的油液产生动态压力，此压力会直接影响离合器充油和泄油。离合器和制动器长期运行后，因摩擦，在离合器外壳出现沟槽，同样会影响离合器和制动器的正常运转。离合器和制动器外观检查如图 2-3-4 所示。

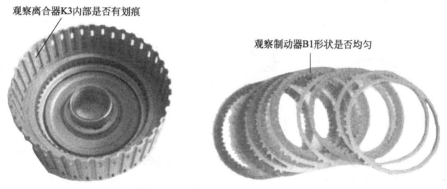

图 2-3-4　离合器和制动器外观检查

根据以上分析，此种现象为正常现象。

专用工具/设备

VAS5051、VAG1526、VAG1427B。

（2）DSG 变速器壳体外部渗油

车型	迈腾 1.8T
行驶里程	5050km

故障现象

DSG 变速器底部靠近放油螺塞的前、后壳体连接螺栓位置有变速器油渗出。

故障原因

因变速器底部前壳体紧固螺栓头部的压紧部位存在铸造斜角，在紧固该螺栓时，该部位受力不均，使壳体在铸造应力角部分产生细微裂纹，导致变速器油渗出。拆下该螺栓后，使该部位恢复自由状态，裂纹闭合，变速器油不再渗出。

故障诊断

① 变速器壳体底部有大量油液（图 2-3-5）。

② 清除变速器外部油液，试车 25km 左右，变速器壳体外部出现新的油液，无法判断油液来源（图 2-3-6）。

图 2-3-5　变速器壳体底部有大量油液　　　　图 2-3-6　变速器壳体外部出现新的油液

③ 在无法判断油液来源的情况下，向渗油部位喷涂粉末（能显色的任何粉末均可），使渗油部位明确（图 2-3-7、图 2-3-8）。

图 2-3-7　渗油部位（一）　　　　　　　　　图 2-3-8　渗油部位（二）

④ 拆掉渗油部位的螺栓，螺栓孔内无任何渗油现象（图 2-3-9、图 2-3-10）。

 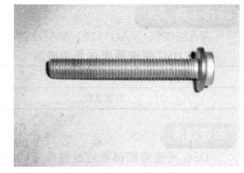

图 2-3-9　变速器壳体底部螺栓孔　　　　　　图 2-3-10　螺栓

⑤ 渗油部位螺栓螺纹上无任何油迹，排除油液由螺栓孔渗出的可能。

⑥ 清理渗漏的油液，继续试车，螺栓孔处无油液渗出（图 2-3-11）。

⑦ 仔细检查发现壳体铸造应力角处有细微裂纹。由此判断，变速器油是由此渗出的

（图 2-3-12）。

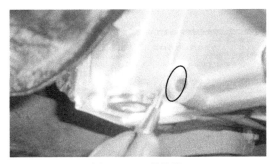
图 2-3-11 螺栓孔

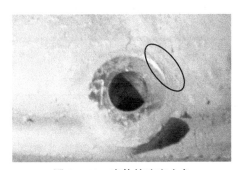
图 2-3-12 壳体铸造应力角

⑧ 对比变速器壳体类似部位的状况，发现该部位螺栓紧固面没有机械加工，存在拔模斜度，附近为铸造斜角，在螺栓紧固力矩的作用下，可能产生细微裂纹，出现渗油。

故障排除

更换变速器总成。

相关提示

对于难于判断具体渗油部位的故障，应结合实际工作情况，制定严密的故障判断流程，准确判断故障。

2.3.2 速腾车系

（1）自动变速器换挡杆无法移动

车型	速腾 1.6L 自动挡
行驶里程	50065km

故障现象

仪表挡位显示全红，钥匙无法拔出。换挡杆置于 P 挡时，换挡杆旁指示灯显示 "R"，如图 2-3-13 所示。

图 2-3-13 仪表和指示灯显示

故障诊断

① 首先使用 VAS5052A 进行检测，变速器有 1 个故障码 18253（读取转向柱电子系统控制单元 J527 的故障代码存储器静态），如图 2-3-14 所示。

② 再读取"16-转向柱电子设备",有 1 个故障码 02413（选挡杆停车位置锁止开关 F319 不可靠信号静态），如图 2-3-15 所示。

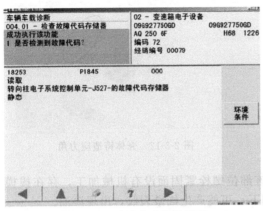

图 2-3-14　读取变速器故障码

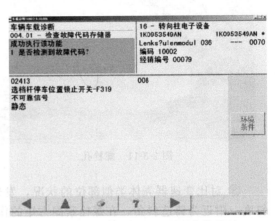

图 2-3-15　读取转向柱电子设备故障码

③ 读取转向柱控制单元数据流。当换挡杆置于 P 挡时，转向柱控制单元显示"换挡杆上的 P 挡锁止开关识别"（图 2-3-16），说明 P 挡开关 F319 与实际 P 挡相符。为了进一步查找故障点，移动换挡杆，用 VAS5052A 读取，发现转向柱控制单元收到的信号与实际挡位相符，说明 F189 通过 CAN 总线传递给 J527 的信号被正常接收。

④ 进入"02-变速器电子设备"读取数据流（图 2-3-17）。当换挡杆置于 P 挡时，VAS5052A 显示"所选挡位（实际值）R"，说明变速器控制单元接收到的挡位信号为 R 挡，与换挡杆位置"P"不符。

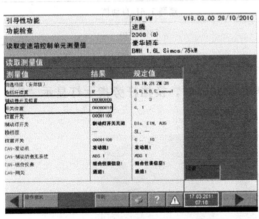

图 2-3-16　读取转向柱控制单元数据流

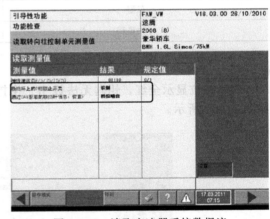

图 2-3-17　读取变速器系统数据流

⑤ 经过以上检测综合分析。

a. 变速器控制单元接收到的挡位信号来自 F125 多功能开关。

b. 转向柱控制单元接收的挡位信号来自 F189。

c. 经过以上检测证实，转向柱控制单元接收到的挡位信号与实际相符，初步分析故障可能为 F125 多功能开关损坏所致。

⑥ 重点对 F125 多功能开关进行检测，发现换挡拉索未固定，造成换挡杆移至 P 挡时，F125 开关无法随换挡杆到达指定的位置（图 2-3-18）。

故障原因

换挡拉索未固定，移动换挡杆时，多功能开关 F125 不能随换挡杆到达指定位置，造成 F125 开关信号与 F189 的挡位信号不符。

故障排除

重新固定换挡拉索。

专用工具/设备

VAS5052A。

相关提示

变速器控制单元接收 F125 多功能开关信号，转向柱控制单元通过 CAN 总线接收 F189 的信号。安全起见，当变速器多功能开关 F125 位于 R 挡时（此时手动换挡阀位于 R 挡），换挡杆旁的指示灯显示"R"，同时起动机无法运转，钥匙无法拔出。

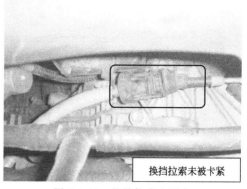

图 2-3-18　换挡拉索未固定

（2）DQ200 变速器无倒挡

车型	速腾 1.4T 自动挡
行驶里程	17km

故障现象

DQ200 变速器挂倒挡不走车，只有前进挡，手动模式只有 1 挡，同时挡位指示灯闪烁，如图 2-3-19 所示。

故障诊断

① 用 VAS5052A 检测变速器控制单元显示故障码 05964（部分传送 2 中的阀 1 电气故障），如图 2-3-20 所示，不能清除。发动机控制单元显示故障码 05668（要求-故障灯开主动），如图 2-3-21 所示，可以清除。

图 2-3-19　仪表显示

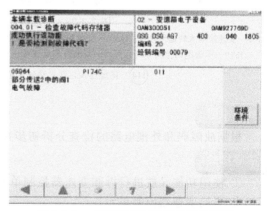

图 2-3-20　变速器控制单元显示故障码

② 通过读取数据流发现变速器控制单元能够接收到挡位信号，说明选挡杆 E313 信号与变速器控制单元通信总线无问题，如图 2-3-22 所示。

③ 根据电路图（图 2-3-23）检查变速器控制单元的供电和接地正常，与 J519 和诊断线连接正常。

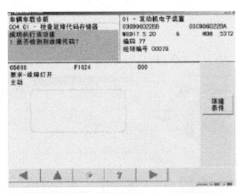
图 2-3-21 发动机控制单元显示故障码

图 2-3-22 选挡杆与变速器控制单元通信总线

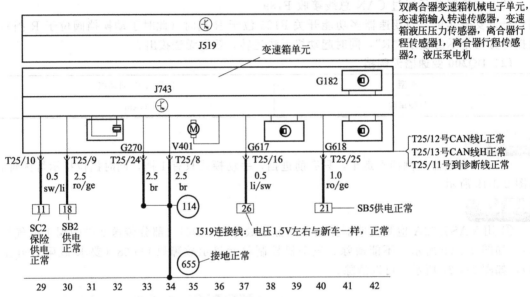
图 2-3-23 变速器控制单元供电和接地电路

G182—变速箱输入转速传感器；G270—变速箱液压压力传感器；G617—离合器行程传感器1；G618—离合器行程传感器2；J519—车载电网控制单元；J743—双离合器变速箱机械电子单元；T25—25芯插头连接；V401—液压泵电机；(114)—接地连接，在自动变速箱线束中；(655)—左大灯上的接地点

故障原因
根据故障码和外围电路的检查分析初步判断为控制单元内部故障。

故障排除
① 使用功能导航进行拆卸变速器控制单元的基本设置。
② 更换变速器控制单元。
③ 使用功能导航安装变速器控制单元，进行基本设置。

专用工具/设备
VAS5052A、T10407 装配离合器分离杆、T10405 安装控制单元导向销。

相关提示
判断变速器控制单元故障之前首先要判断其外围线路是否正常，更换变速器控制单元时需测量换挡柱塞的长度（25mm），并要进行拆卸和安装的基本设置。

2.3.3 CC 车系

(1) 挡位指示灯闪烁，D 挡无法升挡，R 挡无法行驶

车型	CC 1.8T
行驶里程	769km

故障现象

车辆正常行驶时突然发动机排放指示灯亮起，挡位指示灯闪烁，并出现扳手符号提醒，停车后重新启动发现车辆只有 1、2 挡能行驶，无法换至其他挡位，R 挡车辆无法行驶。

故障诊断

用 VAS5052A 检查网关列表，发现发动机控制单元和变速器控制单元有故障记录，发动机有故障码，故障灯激活，变速器有故障码 P173D 000（挡位调节器的行程传感器 4 不可信信号静态），如图 2-3-24 所示。

故障码无法消除，无法进行基本设定，怀疑可能是控制单元内部故障导致行程传感器发出不可靠信号，随后抄录数据流向厂方进行反馈，根据厂家要求更换了滑阀箱。更换滑阀箱后故障码依旧，仍无法进行基本设定。对故障码进行深入分析，可能导致该故障码的原因有以下几种：控制单元内部故障；该挡位传感器信号出错；换挡杆无法换入该挡位。

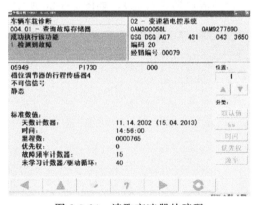

图 2-3-24　读取变速器故障码

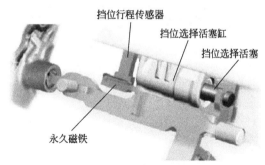

图 2-3-25　换挡机构

为实现挡位的变换，油压被供应到换挡机构的活塞上，推动活塞移动（图 2-3-25）。当活塞移动时，换挡拨叉和滑动齿套也随之移动，滑动齿套使同步器齿接合形成挡位。通过永久磁铁和挡位行程传感器，变速器控制单元能够准确获得换挡机构的当前挡位。因为该车已经更换了新的滑阀箱，所以第一个可能原因可以排除，剩下的就是机械方面的故障。再次拆下滑阀箱，仔细检查各挡位拨叉及行程传感器时，发现 6 挡/R 挡的行程传感器上吸附着异物（图 2-3-26），取出异物，清理各挡位行程传感器，安装滑阀箱，故障消除，可正常进行基本设定，试车无异常。

图 2-3-26　挡位行程传感器异物

故障原因

挡位行程传感器上附有异物，导致该挡位信号无法识别，控制单元储存故障码并进入应急模式。

故障排除

清理挡位行程传感器，安装滑阀箱，进行变速器基本设定。

专用工具/设备

VAS5052A、T10407、T10406。

相关提示

安装过程中，应仔细检查各部件的工作状态，避免多次拆装。

（2）仪表离合器温度警报指示灯报警

车型	CC
行驶里程	6167km

故障现象

仪表变速器温度警报灯报警，如图2-3-27所示，车辆无法行驶。

故障诊断

① 查询到变速器故障码为18148 P1740 012（离合器温度监控静态），如图2-3-28所示。

图2-3-27 仪表报警

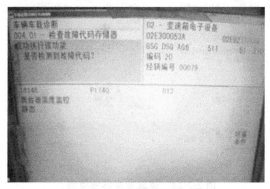

图2-3-28 查询变速器故障码

② 读取变速器数据块查询变速器离合器油温度值，离合器油温达到了200℃（实际温度达不到），如图2-3-29所示。

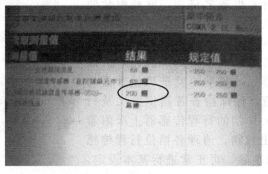

图2-3-29 读取变速器数据

检测措施

读取变速器 64 组数据块，示例如下。

64 组数据（正常）　　　64 组数据（不正常）

要求值：0　　　　　　　实际显示：47

要求值：0　　　　　　　实际显示：65

第 1 个数值表示：动力传递中断（离合器分离）频率。

第 2 个数值表示：警告振动出现的频率。

第 1 个和第 2 个数值正常值为"0"，否则更换变速器输入轴转速传感器 G182 和离合器温度传感器 G509。

故障原因

该现象是变速器离合器片过热保护功能，如果离合器油因某种原因（牵引挂车、上坡起步等）使其温度达到 160℃，则变速器离合器部分开始振动以警告驾驶员，这意味着离合器以较短的时间间隔分离和接合，必须降低负荷。当离合器油温度超过 170℃时，离合器将分离，以切断动力输出，直至齿轮油冷却下来。

如果离合器温度传感器 G509 故障导致温度信号不正确（如本车案例），通过更换离合器温度传感器 G509 可排除故障。

专用工具/设备

VAS5052A。

相关提示

CC 仪表警报灯里增加了变速器温度警报灯，当离合器油温度超过规定值时，离合器温度警报灯会报警，同时离合器会自动将动力传递切断，此时出现加油不走车的现象。

2.3.4 捷达车系

(1) 选挡换挡轴油封漏油

车型	新捷达
行驶里程	47321km

故障现象

手动挡捷达选挡换挡轴油封漏油，如图 2-3-30 所示。

故障诊断

① 确认是选挡换挡轴油封漏油。

② 用 VW681 拉出油封。

③ 检查油封外壁是否光滑，是否失圆，结果为无。

④ 检查选挡换挡轴是否有磨损，发现选挡换挡轴磨损严重。

⑤ 检查选挡换挡轴的晃动量，结果为无。

故障原因

由于选挡换挡轴长期处于摩擦状态，故容易产生磨损。更换时，要检查其状态。

图 2-3-30　换挡机构

故障排除

更换选挡换挡轴和油封，在密封唇上注满多用途润滑脂，用专用工具 30-23 敲入。

专用工具/设备

VW681 和 30-23。

相关提示

虽然更换轴和油封很简单，但除了操作规范外，还要分析其漏油的原因。

（2）新捷达 02K 倒挡打齿

故障现象

装备 02K 手动变速器的新捷达车，行车时挂入倒挡有异响，严重时挂其他挡也有异响，甚至变速器壳体被打漏。

故障诊断

① 挂倒挡过程分析。从图 2-3-31 中可得出以下结论。

a. 正常情况下，在车辆完全停稳后并完全踩下离合器挂入倒挡过程中，倒挡齿轮与传动齿轮处于空挡状态 [图 2-3-31(a)]。

b. 正常在倒挡行车时，倒挡齿轮与传动齿轮处于完全接合的位置 [图 2-3-31(b)]。因此，如果是倒挡齿轮质量问题，应是整个齿部一起被打掉。

 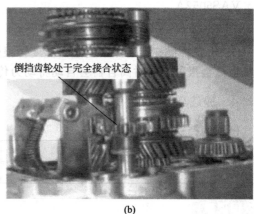

图 2-3-31 倒挡挂挡齿轮啮合状态

② 有故障的倒挡齿轮分析。

a. 第一辆故障车：车辆在前进时挂入倒挡（图 2-3-32）。

图 2-3-32 倒挡齿轮状态（一）

ⅰ. 损坏的齿面都是在啮合开始时。说明倒挡齿轮未完全啮合就开始受力。

ⅱ. 损坏的齿痕由浅到深。说明受力啮合的时间是从图 2-3-32 第 1 齿开始，到第 8 齿结束，第 6 齿受力最大而打裂。

ⅲ. 对于此方向上损坏的齿轮，从手动变速器结构分析可知，是由于传动齿轮还在转动（前进方向），此时踩下离合器挂入倒挡，由于车辆惯性还是向前，挂倒挡车辆就应倒车，使倒挡齿轮还未完全接合就受力过大而损坏。

b. 第二辆故障车：离合器未踩到底就挂倒挡（图 2-3-33）。

图 2-3-33 倒挡齿轮状态（二）

ⅰ. 损坏的齿面都是在啮合开始时。说明倒挡齿轮未完合啮合就开始受力。

ⅱ. 其他齿完好，两个齿损坏，说明当时受力很大，应可听到"嘎"的声音。

ⅲ. 对于此方向上损坏的齿轮，从手动变速器结构分析可知，未挂倒挡时，传动齿轮和倒挡齿轮处于空挡状态。如果此时未将离合器踩到底而挂入倒挡，由于车辆处于静止状态突然受较大的力倒车，使倒挡齿轮还未完全啮合就受力过大而损坏。

故障排除

更换倒挡齿轮及相关的故障件。

（3）MQ200 变速器后盖处渗油

故障排除

按照维修手册更换变速器后盖密封垫片，并检查是否有变速器后盖密封面损伤、后盖磕碰伤、密封垫片密封唇压痕，如图 2-3-34 所示，如有需将变速器后盖一起更换。

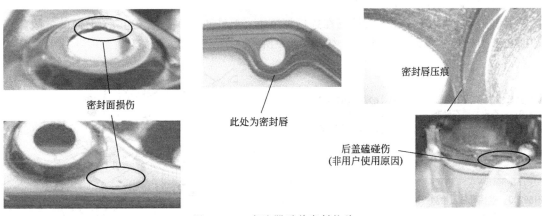

图 2-3-34 变速器后盖密封垫片

相关提示

更换变速器后盖时，螺栓拧紧力矩为 $5N·m+90°$，更换后需检查和添加变速器油。具体操作参照维修手册。

2.4 典型奥迪车系变速器故障案例

2.4.1 奥迪 A4L 车系

(1) 变速器故障报警

| 车型 | A4L | 故障频次 | 偶尔 | 发动机型号 | CDZA |

故障现象

如图 2-4-1 所示。

仪表亮故障灯

开钥匙D挡常亮

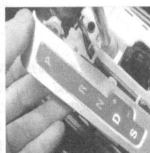
关钥匙D、S挡常亮

图 2-4-1 变速器故障报警

自诊断 02 的故障码如图 2-4-2 所示。

故障诊断

① 选挡杆控制单元 J587 故障。
② J587 的线路故障。
③ 选挡杆显示单元 Y26 故障。

拆解 J587 后发现 3 号插头被压在选挡杆下面，1 号插头本是插在 J587 上面的，故障车却插在选挡杆显示单元 Y26 上面，如图 2-4-3 所示。

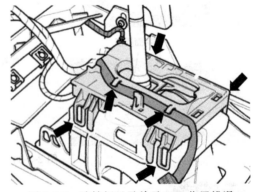

图 2-4-2 读取故障码

图 2-4-3 选挡杆显示单元 Y26 位置错误

故障排除

把插头重新插好，如图 2-4-4 所示。

(2) 车辆冷车出现起步、停车时耸车，热车不明显

车型	A4L	底盘号	WAUAGD4L8CD014105
变速器型号	0C8	行驶里程	68021km
故障频次	经常		

故障诊断

此车在冷车状态下出现起步、停车时耸车，热车状态下不明显。此前该车更换变速器油和变速器油滤清器，更换后出现此故障。车辆无任何故障码。

先后对外围发动机部件、变速器油等进行检查和更换，故障仍存在。

图 2-4-4　重新插好 Y26 插头

最后在拆解变速器油滤清器时发现滤清器和变速器之间缺少密封圈，如图 2-4-5 所示。

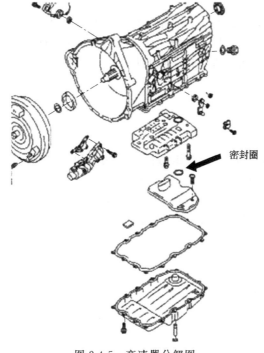

图 2-4-5　变速器分解图

故障排除

补装密封圈。

(3) 车辆起步时加油不走车

车型	A4L	发动机型号	CDZA	故障频次	一直
行驶里程	8000km	变速器型号	0AW		

故障诊断

用 VAS5052 故障查询，02-变速器电子设备（0AW Multitronic）8K0927155AA 0AW 20TFSIRdW 编码 000001 0AW927156H H02 0006 EV _ TCMVL381 A02006；1-检测到故障/事件；2271 P174200[47] 离合器转矩匹配，已达到匹配极限。

查询 TPI，有软件升级，进行软件升级，不成功，进一步检查变速器软件 8K0927155AA 0005，而进行升级后的软件版本为 0006。尝试更新滑阀箱后试车，故障排除。

相关提示

在进行车辆软件升级时，一定要留意控制单元零件版本号。

（4）车辆行驶过程中偶尔出现加油时故障

车型	A4L 2.0T	故障频次	持续
行驶里程	35000km	变速器型号	0AW

故障现象

车辆行驶过程中出现加油时，发动机转速正常提升，变速器无法实现正常驱动，组合仪表出现黄色圆形变速器符号报警，提示变速器存在故障，可以继续行驶。

故障诊断

用 VAS5052 进行故障导航检查，读取 02 地址码 CVT 变速器控制单元中记录故障码为 06031，显示内容为压力调节阀 N215 脏污；执行系统测试计划，系统提示因压力调节阀 N215 集成在滑阀箱中，故无法进行进一步测量。

故障排除

更换 0AW 变速器滑阀箱。

相关提示

变速器控制单元分析：由离合器压力传感器测量和 N215 调节电流确定调节阀存在脏污发卡情况；当 10 显示组第 1 区记录的前进挡自适应电流值超过允许的最大值 0.320A 时，控制单元记录压力调节阀 N215 脏污的故障信息，当自适应电流值达到 0.340A 时，控制单元发送组合仪表黄色圆形符号报警信息，并提示驾驶员变速器存在故障，可以继续行驶。

2.4.2 奥迪 A6L 车系

（1）行车过程中变速器异响

车型	A6L	发动机型号	BDW	故障频次	一次
行驶里程	31732km	变速器型号	01J		

故障诊断

① 客户反映行车过程中底盘噪声比较大，试车发现只要挂入 D 挡或 R 挡行车时，变速器内就会发出"嗡嗡"声。

② 举起车辆，挂入 D 挡，松开制动，加油，用听诊器仔细检查，发现变速器后部声音比较大，并且异响随着发动机转速升高而变大，挂入 R 挡现象一样。

③ 怀疑变速器内轴承 D、E、G 中的一个或多个磨损，导致异响产生。

④ 拆检变速器发现轴承 D 磨损严重，并且变速器内输入链轮轴也发生磨损，如图 2-4-6 所示。

故障排除

更换输入链轮轴及轴承 D。

相关提示

① 在 P 挡、N 挡能够明显听见变速器前部像轴承一样"嗡嗡"异响的,拆检时着重检查轴承 A 和 B。

② P 挡、N 挡不响,挂入 D 挡或 R 挡时异响的,如果靠近变速器前端,重点检查轴承 C,发生在中间部位时重点检查轴承 F,靠近后部重点检查轴承 D、E、G。

③ 举起车辆,挂入 N 挡手动快速转车轮,仍能在变速器后部听见异响的,重点检查轴承 G,中间部位有异响的重点检查轴承 F。

图 2-4-6 变速器内输入链轮轴

(2) 仪表报警变速器过热请调整驾驶方式

| 车型 | A6L | 变速器型号 | 0AW | 行驶里程 | 878km |

故障现象

仪表盘上变速器警告灯亮起,提示"变速器过热请调整驾驶方式",且车辆挂入前进挡起步缓慢,如图 2-4-7 所示。

故障诊断

① 试车发现车辆挂入前进挡起步缓慢,仪表盘上警告灯提示"变速器过热请调整驾驶方式",而将车辆挂入倒挡行驶正常。

② 用 VAS6150B 检测变速器单元故障记录为 2276 P174000 [46] 离合器温度监控偶发,查看诊断记录,在环境要求中查看变速器油温为 91℃,说明变速器油温正常。

清除故障记录后试车,故障重复出现。

进行引导性故障查询,测试结果为"变速器输入轴的离合器有损坏(磨损)"。分析认为该车为新车,离合器损坏的可能性很小,随后进行数据流测量检查,发现车辆挂入 D 挡时实际离合器压力为 2.8bar,而规定压力为 4.3bar,挂入 R 挡时离合器压力为 2.0bar,而规定压力为 2.1bar。通过数据流可以看出前进挡离合器供油部分有泄压现象,如图 2-4-8 所示。

变速箱油温度	91	℃
冷却液温度	101	℃
离合器压力	2.8	bar
缓行扭矩离合器压力,倒车	2.0	bar
缓行扭矩离合器压力,?#176;进	3.0	bar
离合器压力匹配,当?#176;值为0bar	208	mA
离合器压力匹配,当?#176;值为10bar	525	mA
规定离合器压力	4.3	bar
规定离合器扭矩	48.00	Nm

图 2-4-7 仪表盘警告灯　　　　图 2-4-8 读取挂入 D 挡时数据

③ 检查变速器油位及油颜色正常。拆检滑阀箱处的离合器导油管密封圈正常。

④ 试更换滑阀箱,故障依然存在。

⑤ 拆下输入轴发现输入轴上的前进挡输油管塑料处断裂,如图 2-4-9、图 2-4-10 所示。

图 2-4-9 输入轴

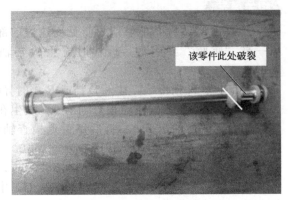

图 2-4-10 输入轴前进挡输油管

故障排除

因为输油管没有单独备件,只能更换输入轴。

(3) 行驶中耸车

车型	A6L 3.0T	故障频次	一直
行驶里程	250000km	变速器型号	09E

故障诊断

① 只有慢慢提速时才有耸车现象;加速比较快时没有此现象;当速度超过 30km/h 时耸车。读取发动机无失火现象,检查车身、底盘均正常,读取变速器数据,耸车不是出现在升降挡时,将 ABS 插头断开试车,故障依旧,试更换轮胎,故障依旧。

② 经过反复试车后故障原因锁定在变速器部分,因耸车不是出现在升降挡,所以怀疑到液力变矩器。在车辆快速提速的瞬间,为了保证换挡行驶舒适性并减少冲击,偶合器会有短暂的打滑现象(转速差较大);当车辆达到一定速度后加速时,偶合器处于基本锁死状态(转速差较小)。

③ 当该车出现耸车现象时,发现发动机转速(偶合器输入)与变速器输入转速(偶合器输出)差别较大,怀疑偶合器打滑(应该锁死)。

故障排除

拆卸变速器,更换偶合器后故障排除。

相关提示

由于在偶合区(没有转矩成倍增加的情况),变矩器以接近 1:1 的比例将发动机输入转矩传递至变速器,但是泵轮和涡轮之间有 4%~5% 的转速差,因此有能量损失。故现代汽车多采用带锁止离合器的综合式液力变矩器,通过机械方式将泵轮和涡轮连接,传递发动机动力。

图 2-4-11 锁止离合器的接合

① 当起步或低速时,离合器分离,变速器正常工作增加转矩并传递转矩。

② 当车辆以高速(≥50km/h)行驶时,锁止离合器接合。这时,由于泵轮和涡轮转速差为零,没有涡流产生,如图 2-4-11 所示。

（4）起步时偶尔无法行驶

车型	A6L	故障频次	偶尔
行驶里程	3000km	变速器型号	0AW

故障诊断

① 客户反映在起步时车辆无法正常行驶，提高发动机转速也无法起步，过一会儿又可以正常行驶。

② 检查无相关故障记录，制动系统正常，无卡滞现象。

③ 多次试车未出现客户所描述现象，要求客户出现故障现象时进行记录。

④ 多日后出现同样的故障无法正常起步，客户留下一段视频，仔细观看，发现脚垫卡在油门踏板上导致制动一直保持。

⑤ 去除附加部件，未出现故障。

相关提示

加装或改装带来的问题，如图 2-4-12 所示。

 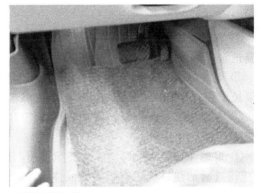

图 2-4-12　加装和改装的附加件

2.4.3　奥迪 A8

（1）仪表多个故障灯点亮，无法挂入挡位

车型	A8L 3.0TFS	故障频次	偶尔
行驶里程	28321km	变速器型号	0BK

故障诊断

① 用 VAS6150B 检查，多个控制单元报变速器无通信，而读取变速器故障记忆与多个驱动 CAN 控制单元无通信，环境要求里时间为零。

② 对变速器控制单元进行检查，电源、搭铁、插头、CAN 通信都未见异常，于是更换了变速器控制单元，试车过程中故障再次出现。

③ 用 VAS6150B 检查故障与上次相同，再次对变速器控制单元的电压、搭铁、插头、CAN 线进行检查，这次发现变速器的 CAN 线电阻值在测量过程中偶尔出现偏大的情况。

④ 按 ELSA 电路图分析，该 CAN 线有一个节点在流水槽中，拆检发现有根 CAN 线没有铆接在节点上，而是胶粘在上面。修复节点后故障排除，如图 2-4-13 所示。

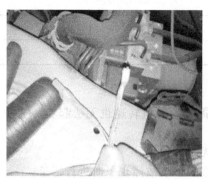

图 2-4-13 CAN 线故障点

(2) 持续高速行驶 100km 以上后,加油无反应

车型	A8 D4	底盘号	WAURGB4HXCN007752	故障频次	偶尔
行驶里程	91047km	变速器型号	0BK		

故障诊断

① 客户反映该车持续高速行驶 100km 以上后加油无反应,电子扇高速运转,但发动机水温正常,车辆停止 10min 左右,故障消失。

② 无故障记录,阅读发动机、变速器数据正常,由于试车需要较高车速(160km/h)和很长里程(100km 以上),很难再现故障。

③ 查询该车维修记录,发现该车在 77800km 时更换过全车油、水,进一步检查发现该车变速器油多出 1.5L。

④ 根据 ELSA 要求,在 ATF 温度位于 35~45℃(热带国家或地区 50℃)之间时,ATF 检查时加注口处还有微量的液体流出(取决于受热时液位上升情况),则说明 ATF 液位正确。

故障排除

根据 ELSA 要求校正 ATF 油位。客户自行试车,反映故障排除。

相关提示

车辆维修及保养应严格按照 ELSA 要求执行。

(3) 变速器报警灯闪烁,车辆无法行驶

车型	A8L D4	故障频次	一直
行驶里程	2335km	变速器型号	0BK

故障诊断

使用故障诊断仪检测故障码为 U111100(由于丢失信息,功能受到损害,偶发)、U010300(选挡杆无通信)。根据 TPI 提供的 SVM 码进行升级显示对该车型无效,经询问区域技术代表,该车的变速器控制单元及选挡杆控制单元的版本已经是最高版本。

测量 J587 的供电及搭铁信号线路都正常,变速器控制单元可以进入进行诊断,但是 J587 控制单元没有通信,J217 与 J587 之间的驱动 CAN 总线通信信号正常,由此判断 J587 选挡杆控制单元内部故障。

故障排除

更换 J587 选挡杆控制单元。

（4）仪表报警"变速器系统故障继续行驶会受到限制"

车型	A8L 3.0T	底盘号	WAURGB4H7CN027408	故障频次	偶尔
行驶里程	3153km	变速器型号	0BK		

故障现象

仪表上有时会显示"变速器系统故障继续行驶会受到限制"故障，如图 2-4-14（a）所示。

故障诊断

车辆进站后故障不再现，用 VAS5052 检查在 02-变速器电子设备中有 1 个故障为禁用变速器控制单元，偶发。进行相应测试计划，因故障偶发，测试结果均正常，查询 TPI，按照 2023923/3 对 81-选挡杆控制单元用 SVM：81A002 升级，升级后软件零件号为 4H1 927 731A，软件版本为 0082，达到 TPI 要求版本。经试车后故障还是偶发出现，检查 J217 到 J587 相关线路均正常，无外接电磁干扰。建议更换 J587 选挡杆控制单元，如图 2-4-14（b）所示。

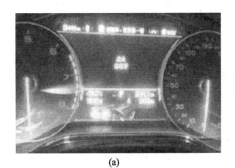
(a)

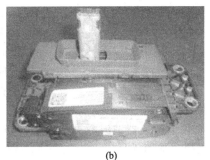
(b)

图 2-4-14　选挡杆控制单元

故障排除

更换 J587 选挡杆控制单元。

2.4.4　奥迪 Q5 车系

（1）提速不良，仪表中变速器报警

车型	Q5	发动机型号	CDZA	故障频次	经常
行驶里程	7234km	变速器型号	0B5		

故障诊断

① 用 VAS505X 检测有由于离合器温度造成转矩受限偶尔发生的故障码，清除故障码，给变速器控制单元升级，试车当时故障未出现。

② 几天后此车又报修同样故障，询问客户一直在市区用车，没有出现过极端的行驶状况，引导性故障查询，读取数据块变速器油温当时只有 64℃，数据块中没有找到离合器油温读数，在功能部件选择中有一项驱动匹配，在进行驱动匹配的过程中，一直显示离合器油温为 136℃，只有在 30～110℃ 之间才能进行驱动匹配。

③ 车辆冷却后重新进行驱动匹配（目的是读取离合器温度），依旧显示136℃，此时怀疑温度传感器损坏，此传感器与变速器控制单元是一体的，试更换变速器控制单元，故障排除。

相关提示

控制单元和阀体是一体的，更换时作为一个元件更换，按照ELSA要求在安装阀体时4个换挡拨叉调整到空挡，4个挡位调节器都需要调整尺寸，如图2-4-15所示，$a=33.5\text{mm}$。此车在安装时调到33.5mm时无法装入，而调到30mm能够顺利安装上。

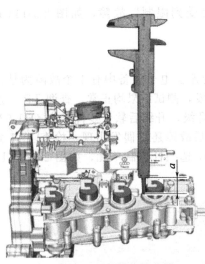

图2-4-15 测量挡位调节器

（2）行驶中偶尔踩加速踏板加速无反应

车型	Q5	发动机型号	CDN
故障频次	偶尔	行驶里程	8574km
变速器型号	0B5		

故障诊断

① 行驶中偶尔踩加速踏板加速无反应，此时仪表上变速器故障指示灯报警，驾驶员信息系统（FIS）中出现提示"变速器故障！可继续行驶"。

② 用VAS5052诊断在变速器控制单元内存储8040 P17D800由于离合器温度造成转矩受限的偶发故障码，导航测试计划提示可能的故障原因为变速器机械应力过大，发动机非法调整，油路通过量太低，但检查后没有发现异常，检查变速器ATF油位正常，油品无异常。

③ 试车读取变速器油温数据值，发现当变速器油温与控制单元温度相差8℃时仪表变速器故障灯报警，加速无反应；当温差下降到8℃以下功能又恢复正常。

在J743内集成有两个温度传感器，如图2-4-16所示，一个测量ATF油的温度，一个测量控制单元的温度。

信号中断的影响：通过替代值产生暂时信号。

温度监控和保护：温度超过约135℃时，Mechatronic发出命令降低发动机转矩，温度到达145℃之前，转矩持续降低，直到离合器脱开。

④ 根据J743内两个温度传感器的原理，分析为由于两个温度传感器之间的差值达到8℃时变速器控制单元进入自我保护模式，导致转矩输出中断。

⑤ 更换J743后故障现象排除，再次读取两个温度传感器之间的差值为1~2℃。

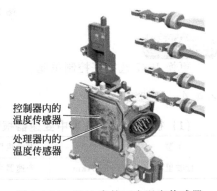

图2-4-16 J743内的两个温度传感器

（3）无倒挡

车型	Q5	故障频次	偶尔
行驶里程	75193km	变速器型号	0B5

故障诊断

客户反映有时无倒挡，试车发现该车在平路正常，在坡度比较大时没有倒挡，用 VAS505X 检测 02 无故障，检查油位正常，替换机电模块无效，替换离合器后故障排除，在换新离合器时根据维修手册更换，发现新离合器无法安装到位（如图 2-4-17 所示，将双离合器装入变速器壳体，同时短时抬起，转动驱动轴使其与 ATF 泵和齿轮轴的啮合齿啮合，当可感觉到离合器盖 O 形环贴近变速器壳体边缘时，双离合器正确安装）。安装旧离合器就可以安装到位，拆下机电模块发现离合器驱动齿轮和油泵齿轮相差 0.5cm，只有边敲击离合器边确定两边齿轮啮合。

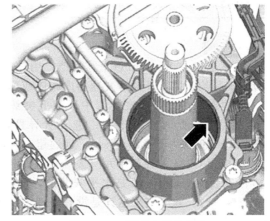

图 2-4-17 双离合器的安装

相关提示

如果直接敲击离合器，会导致离合器驱动齿轮和油泵齿轮损坏。

（4）起步及行驶时闯车

车型	Q5	底盘号	LFV3B28R7D3046993	故障频次	持续
行驶里程	260km	变速器型号	0BK		

故障诊断

该车是新车，客户提车后行驶 100 多公里，途中突然发现车辆行驶时闯车。维修人员试车，踩住制动，将挡位从 P 挡移到 D 挡时，车辆"咕噔"往前闯一下，感觉十分明显。车辆开上公路时，车辆的每个换挡时间都比正常车辆要长，且有冲击感。车辆在 50~60km/h 加减油时及车辆挡位在 5 挡、6 挡切换时，闯车冲击感更明显。

依据进站时的试车情况，初步判断为变速器机电单元故障。对故障车辆进行检查，系统无故障。检查变速器油时，发现油液较黑，而且很臭，检查同类型的已行驶 3000 多公里的 Q5 0BK 变速器油，油液清亮，无臭味。判断故障车辆变速器内部（摩擦片）异常磨损。油液对比照片如图 2-4-18 所示。

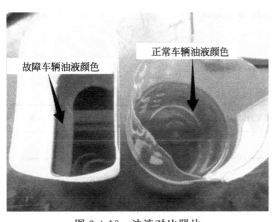

图 2-4-18 油液对比照片

故障排除

更换变速器。

相关提示

0BK 变速器是 8 挡自动，挡位接合或分离是通过机电单元对变速器内的多组摩擦片压紧或松开的控制，来实现挡位的切换。由于摩擦片异常磨损，导致变速器油受到污染，而机电单元的工作是依靠正常的油液作为介质，所以导致变速器工作不正常。

(5) 低速不换挡，3000r/min 以上才换挡

车型	Q5 2.0T	底盘号	WAUCFD8R2AA024846	故障频次	一直
行驶里程	3153km	变速器型号	0B5		

故障诊断

① 该车在 3000r/min 以上才换挡，用 VAS5052A 查询变速器内无故障码，检查变速器油位及油品均正常，怀疑为变速器内阀体或离合器故障，试更换，故障没有排除。

② 再次试车，在一次过弯中仪表上突然有故障灯亮起，查询故障：车辆倾斜传感器 G384 故障。但此时换挡正常；进入引导性故障查询 G384 的性能，读取测量值时显示 $12.36 m/s^2$（正常为 $\pm 1.25 m/s^2$），远远超出正常范围，基本设定无法正常进行。

③ 检查 G384 的控制单元（集成在驻车控制单元 J540 中），在对 J540 进行检查时发现 J540 的安装支架损坏，不是水平安装的，而是随意放到后面的。经询问，说后面出过交通事故，修理过，这个支架估计是没有处理才导致错误的信号传递给变速器，导致不能正常换挡，如图 2-4-19 所示。

图 2-4-19 J540 安装错误

故障排除

按要求对 J540 重新进行固定安装，并进行基本设定。

(6) 更换新 0B5 变速器后路试 D2 挡变速器报警功能受限

车型	Q5	底盘号	LFV3B28R6A3016461	故障频次	一直
行驶里程	32958km	变速器型号	0B5		

故障诊断

用 VAS6150B 检测到 02 变速器系统存在 8098 P050100（车速信号 1 不可靠信号）故障码，故障出现时，车辆就不能加油行驶，重新关闭、打开钥匙，车辆可以继续加油行驶。根据故障码执行检测计划显示，相应输入轴传感器环上的磁性涂层是否损坏或修理齿轮组时是否设置了不正确的传动比，首先重新加注变速器油，再次试车故障不能排除，试车中始终无法达到驱动匹配的条件，因此也不能进行驱动匹配，分析认为变速器输入轴 1 的靶轮磨损，根据目前备件只能更换变速器总成，如图 2-4-20 所示。

(7) 挂倒挡上坡有时车不走，加油也不动

车型	Q5	底盘号	WAUCFD8R8AA054998	故障频次	偶尔
行驶里程	86421km	变速器型号	0B5		

故障诊断

根据此种现象，分析很有可能是机电控制单元的问题，重新匹配设定。使用一段时间后故障再现，然后申请更换机电单元。到货后更换，进行基本设定不能通过，分析可能是安装有问题。重新按照标准安装，结果还是一样，进行基本设定提示"中断时的基本设置状态，由于安全原因已退出；中断原因，可能的原因，基本设置期

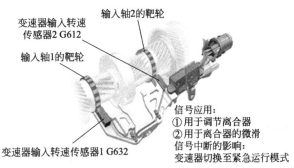

图 2-4-20 变速器输入轴 1 结构

间发动机关闭，没有使用手制动器，控制单元故障或类似情况"。实际上这几种情况都不存在，只好又把原车的装回去匹配成功。分析可能是有新的问题，又重新订购了一个，安装后结果还是一样。最后只能更换变速器，故障排除。

故障排除

更换变速器。

相关提示

除了机电单元剩下的就都是机械结构了，由于奔车更换机电控制单元的一般都能匹配好，这种情况很少见。没有分析出具体是什么原因，还有待大家共同探讨。

(8) 挂 R 挡车辆向前行驶一段后才向后行驶

车型	Q5	底盘号	LFV3B28R9A3001811	故障频次	经常
行驶里程	57920km	变速器型号	0B5		

故障诊断

① 用 VAS5052A 检查无故障码。

② 读取数据流，变速器冷却阀只有 0.03mA（在故障状态下会完全关闭），正常范围为 500~600mA。说明变速器存在泄压或打滑，系统为了弥补转矩传递，完全关闭了冷却阀的回流。是阀体泄压还是离合器打滑需进一步分析。

③ 查看所有数据流无法找到泄压部位，更换阀体试车，故障依旧，更换离合器后故障排除。分解离合器，发现 K2 摩擦片烧蚀，如图 2-4-21 所示。

相关提示

建议缩短换油周期，提醒客户要正确驾驶。

(9) 挂挡不走车，从行驶挡挂入 P 挡时，变速器内部异响

车型	Q5 2.0T	底盘号	LFV3B28R1C3027841	故障频次	一直
行驶里程	1350km	变速器型号	0B5		

图 2-4-21 离合器摩擦片烧蚀

> **故障诊断**

① 用 VAS505X 检测，02 内存有故障"变速器输入传感器不可靠信号"。通过检测变速器，排除了变速器故障引起不走车，故障锁定在后差速器，拆检差速器发现内部主动齿轮从行星架上脱离，导致后轴动力传输中断。

② 由于是新车，为迅速解决故障，拆卸了试驾车（与故障车同型号、同批次）为其更换，但用户行驶了不到 800km 出现了同样的故障。

③ 在厂家人员的指导下分析，更换两个同批次的备件出现同样的故障可能是批次的问题，需要重新订购备件，如图 2-4-22 所示。

图 2-4-22 后差速器

> **故障排除**

更换后差速器（已行驶 3000km 故障暂时未复现）。

（10）挂挡不走，更换机电一体化模块 J743 后，无法匹配

车型	Q5	底盘号	WAUCFD8R2AA081548	故障频次	一直
行驶里程	104348km	变速器型号	0B5		

> **故障诊断**

因 2 挡跳 3 挡耸车，故障码显示为 3 挡促动器的故障；更换机电一体化模块 J743 后，对行程传感器校准匹配，无法进行匹配，重复多次故障依旧，故障码变为 2 挡促动器匹配错误。

为了进一步确认安装工艺，重新拆卸机电一体化模块 J743，发现一个促动器没有装到位。重新安装后，匹配还是无法进行，此时故障变为 R 挡促动器匹配错误。查阅相关资料，2 挡和 R 挡是共用一个促动器和行程传感器，行程传感器依靠拨叉上的永久磁铁感应位置。

再次拆下机电一体化模块，进行仔细观察，发现永久磁铁上粘了很多铁屑，清洁铁屑后装好，匹配成功，如图 2-4-23 所示。

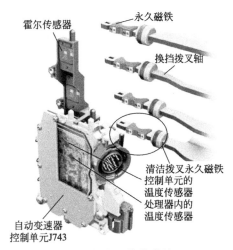

图 2-4-23　机电一体化模块 J743

> **相关提示**

更换机电一体化模块时一定要注意观察拨叉永久磁铁上是否粘有铁屑，它会影响到信号的传输，导致匹配无法正常进行，如图 2-4-24 所示。

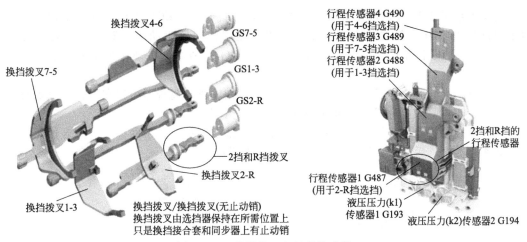

图 2-4-24　换挡拨叉和行程传感器

第 3 章 底盘部分

3.1 大众、奥迪车系底盘技术特点

3.1.1 大众车系第五代四轮驱动离合器

大众车系于 2013 年款高尔夫上首次采用了第五代四轮驱动离合器，2015 年款帕萨特四驱车型以及 2017 年款第二代途观四驱车型也应用了该四轮驱动离合器。一汽大众公司于 2018 年 7 月 31 日上市的旗下第一款 SUV 车型 T-ROC（探歌）四驱车型也采用了这款四轮驱动离合器。

四轮驱动离合器位于后桥差速器壳体内，通过四轮驱动离合器可以在后轮上得到所需的驱动转矩。四轮驱动离合器通过电动/液压方式进行控制。

第五代四轮驱动离合器总成主要由四轮驱动系统控制单元、带摩擦片的离合器壳体、四轮驱动离合器泵、后桥差速器等组成，如图 3-1-1 所示。

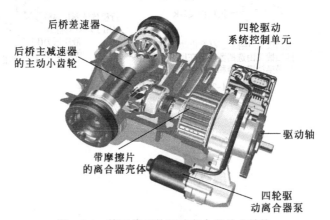

图 3-1-1　第五代四轮驱动离合器总成结构

第五代四轮驱动离合器可承受的发动机最大转矩为 380N·m，传递到后桥的转矩可达到 3600N·m。离合器采用电动/液压控制的多片湿式离合器。该四轮驱动离合器广泛应用在大众 MQB 平台的四轮驱动车型（发动机转矩需小于 380N·m）中。

四轮驱动离合器总成控制单元计算车辆需要分配到后桥的转矩，通过调节四轮驱动离合器泵输出到湿式多片离合器上的压力，进一步调节分配到后桥的转矩。四轮驱动离合器组成如图 3-1-2 所示。

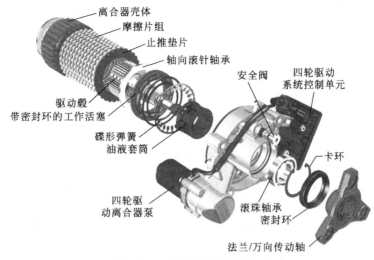

图 3-1-2　四轮驱动离合器组成

四轮驱动离合器泵是离合器系统压力源。离合器泵是一个集成有离心力调节器的活塞泵，它产生并调节油压，由四轮驱动系统控制单元控制。四轮驱动离合器泵结构如图 3-1-3 所示。

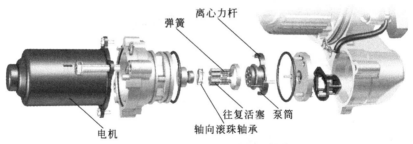

图 3-1-3　四轮驱动离合器泵结构

活塞泵由电机通过电机轴驱动，六个活塞由弹簧压在倾斜轴的滚珠轴承（止推垫片）上，如图 3-1-4 所示。当泵筒旋转时，活塞上下移动，油液被吸入并通过压力侧流向工作活塞，从而进入集成的离心力调节器内部。

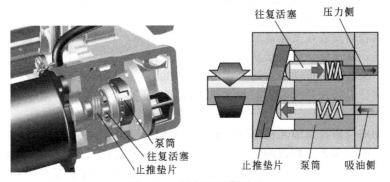

图 3-1-4　活塞泵工作原理

集成的离心力调节器由离心力杆和离心力调节阀（球阀）组成，它负责调节活塞泵生成的油压。液压油的离心力使离心力杆向外移动，同时将球阀压入阀座内，如图3-1-5所示。

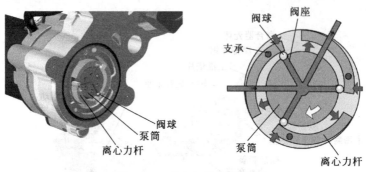

图3-1-5　离心力调节原理

如图3-1-6所示，通过活塞泵和离心力调节器的共同作用生成和调节后的系统压力施加给工作活塞（工作活塞见图3-1-2中的带密封环的工作活塞）。工作活塞以不同的油压压紧离合器壳体内的摩擦片组。施加的压力大小决定了可传递到后桥的驱动转矩。

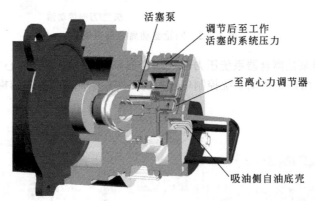

图3-1-6　压力调节示意

3.1.2　2018全新奥迪Q5L适时四驱系统

(1) 四轮驱动系统结构与工作原理

2018年款全新奥迪Q5L车型搭载轻型高效的Ultra Quattro（四轮驱动）系统，该系统为适时四驱系统，可在需要时结合后驱系统。

全新奥迪Q5L适时四驱系统由带四轮驱动离合器的变速器、轻量化的高效Ultra后部主传动0B0组成，如图3-1-7所示。

四轮驱动离合器安装在变速器后部，如图3-1-8所示。四轮驱动离合器输入端与变速器输出端直接连接。从前驱动桥直接获取向后桥分配的动力，动力依次经过四轮驱动离合器输入轴、离合器、输出轴、传动轴、后桥主传动（0B0），再分配到后驱动轮。

四轮驱动离合器由多片离合器、输入轴、输出轴、离合器控制单元等组成，如图3-1-9所示。

当四轮驱动离合器控制单元检测到车辆需要四轮驱动时，便控制离合器执行器内电机运转，带动螺杆运动，与螺杆相连的离合器接合件旋转，将湿式离合器摩擦片与钢片压紧，变速器输出的转矩传递到离合器输出轴，再通过传动轴将转矩传递到后桥主传动（0B0），如图3-1-10所示。

图 3-1-7　全新奥迪 Q5L 车系适时四驱系统

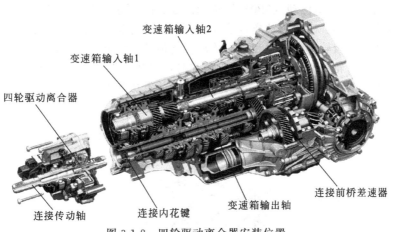

图 3-1-8　四轮驱动离合器安装位置

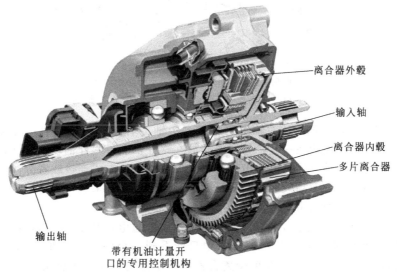

图 3-1-9　四轮驱动离合器结构

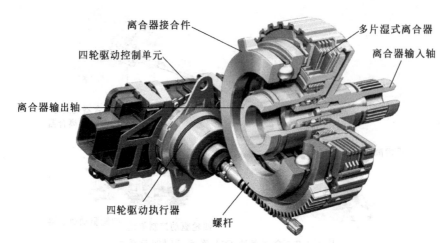

图 3-1-10 四轮驱动离合器工作原理

全新奥迪 Q5L 后部主传动（0B0）结构如图 3-1-11 所示。后部主传动（0B0）最大的特点是使用了爪齿离合器。四轮驱动离合器在脱开时（即分离状态，前轮驱动模式），通过爪齿离合器可以使冠状齿轮传动机构和万向传动轴与传动系统分离（亦即这些组件不转动，即传动轴不再被两个后轮反驱动）。由于前驱模式时，冠状齿轮传动机构和万向传动轴会产生很大的拖动损失，因此使这些组件不转动可以达到节省燃油的效果，同时行驶中还具有更好的平顺性。

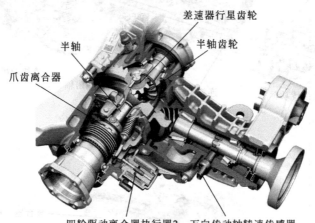

图 3-1-11 全新奥迪 Q5L 后部主传动（0B0）结构

如图 3-1-12 所示，右侧的法兰轴由三根轴（半轴、蜗杆轴和法兰轴）构成。半轴与差速器内的右侧冠状齿轮连接在一起，另一端安放在蜗杆轴上。蜗杆轴以形状配合的方式与法兰轴相连。半轴与蜗杆轴可以通过爪齿离合器以形状配合的方式连接或者分离（图 3-1-13），爪齿离合器是借助于精致而高效的电动机械式离合器操纵装置来脱开或者接合的。四轮驱动离合器执行器 2 用来操控爪齿离合器，如图 3-1-13 所示。

爪齿离合器已接合状态：如果离合器执行器 2 未通电，那么爪齿离合器处于接合状态。两个弹簧（因视图角度原因图 3-1-13 中只能看到一个弹簧）使爪齿离合器接合或保持在接合状态，参见图 3-1-13。在爪齿离合器接合状态时，驱动力就会从半轴被传递到法兰轴上。

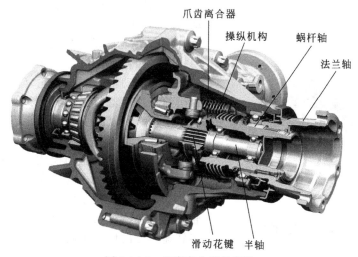

图 3-1-12 爪齿离合器的安装

爪齿离合器脱开过程：离合器执行器 2 通电，执行器内部电机转动带动螺杆将分离杆压入蜗杆轴的花键内，相当于操纵了分离机构，此时蜗杆轴的旋转运动就会在分离杆上产生一个行程，这个行程会顶着弹簧而将操纵爪齿从花键中压出，于是爪齿离合器就脱开了，如图 3-1-14 所示。

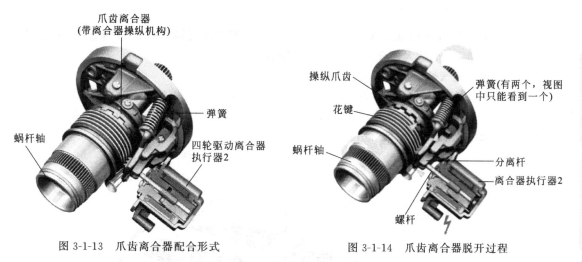

图 3-1-13　爪齿离合器配合形式　　　　图 3-1-14　爪齿离合器脱开过程

爪齿离合器保持脱开状态：蜗杆轴继续转动约 4 圈后，爪齿离合器就完全脱开了，于是分离机构就使分离杆从蜗杆机构上自动脱开并将分离杆锁定在该位置上，此时只需给离合器执行器 2 上一个非常小的保持电流，分离杆就会一直被锁定在这个状态上，如图 3-1-15 所示。

爪齿离合器接合：离合器执行器 2 断电，分离杆被拉回，分离机构也就松开了，这时操纵爪齿在弹簧力的作用下迅速压入花键中，爪齿离合器就接合了。

（2）驱动模式转换

① 从四轮驱动切换到前轮驱动　在四轮驱动模式时，后部主传动内的爪齿离合器是接合的，四轮驱动离合器将四轮驱动控制单元计算出的驱动转矩传到万向传动轴上，也就传到后桥上了。如果识别出不需要四轮驱动的行驶状态（也就是四轮驱动此时并无优势），那么就会切换到前轮驱动模式。此时变速器后端的四轮驱动离合器分离，并分析前轮驱动的行驶

图 3-1-15　爪齿离合器保持脱开状态

状态。如果确定行驶状态无变化，那么后部主传动（0B0）中的爪齿离合器就会脱开。

② 从前轮驱动切换到四轮驱动　在前轮驱动模式时，四轮驱动离合器和爪齿离合器都是脱开的，万向传动轴、冠状齿轮（半轴齿轮）和主动锥齿轮（差速器行星齿轮）都被断开。这些部件静止不动，可以减少很大的拖动损失，并降低了燃油消耗。

要想接通四轮驱动模式，就必须让爪齿离合器再次接合。为此，需要先将万向传动轴和冠状齿轮加速到大致同步转速，因此变速器后端的四轮驱动离合器就会一直接合着，直至基本达到同步转速。万向传动轴转速传感器和车轮转速传感器负责传送所需的转速信息。

在马上就要达到同步转速时，离合器执行器 2 就被关闭了，于是分离杆被拉回，分离机构也就被松开了，这时操控爪齿在弹簧力作用下被迅速压入到花键中，爪齿离合器就接合了。

一旦爪齿离合器接合了，那么四轮驱动离合器就会计算传递到后桥的转矩，并根据路况实时调整。

3.1.3　奥迪车系自适应悬架系统

2018 年款奥迪全新 Q5L、A8L 车型自适应空气悬架系统直接取自 2017 年款奥迪 Q7 车型。这里以奥迪 Q7 车型为例介绍自适应空气悬架。

(1) 自适应空气悬架系统组成

自适应空气悬架系统主要由阻尼可变的减振器、内部装有压缩空气的空气弹簧、一系列传感器、电子控制装置、执行装置、空气压缩机和一系列控制阀件等组成。奥迪 Q7 自适应空气悬架系统组成如图 3-1-16 所示。

图 3-1-16　奥迪 Q7 自适应空气悬架系统组成

① 底盘控制单元　采集传感器的各项信号，并根据一定的算法，对执行器发出指令，控制悬架的状态。在奥迪 Q7 上该控制单元包含悬架和减振器调节系统软件，此外负责记录车辆高度方向的加速度值、纵轴方向（摇晃运动）和车辆横轴（俯仰运动）偏转率的传感器集成在了该控制单元内。该控制单元安装在车辆前部，位于中控台下方空调器下方。奥迪 Q7 底盘控制单元如图 3-1-17 所示。

② 蓄压器　主要为悬架提升高度供给足够的压缩空气，如图 3-1-18 所示。

图 3-1-17　奥迪 Q7 底盘控制单元

图 3-1-18　蓄压器

③ 空气弹簧　前、后桥空气弹簧原理相同，后桥空气弹簧为了让出更多的行李厢容积，增加了辅助空气罐，这样可以最大限度地减小减振支柱空气弹簧的直径，奥迪 Q7 前桥空气弹簧支柱如图 3-1-19 所示。

当车架与车桥靠近时，活塞总成在缸套内向下运动，若电磁线圈中电流变大，电磁吸力增大，主减振阀向上移动，开口面积变大，下方腔内油压下降，阻尼力减小。反之，阻尼力变大。

④ 空气供给单元　由控制单元、电磁阀体、电机和压缩机等组成。压缩机和电机作为驱动装置和电磁阀体是一个紧凑的整体，安装在同一个支架上。整个单元固定在车身尾部右侧区域内。空气供给单元如图 3-1-20 所示。

⑤ 电磁阀体　如图 3-1-21 所示，电磁阀体由 5 个电磁阀构成，它们连接空气供给单元与空气弹簧和蓄压器。电磁阀体内集成了一个压力传感器。

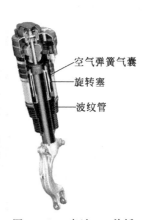
图 3-1-19　奥迪 Q7 前桥空气弹簧支柱

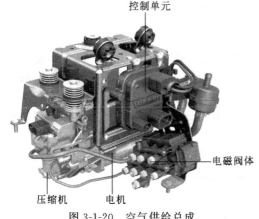
图 3-1-20　空气供给总成

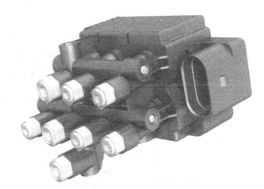
图 3-1-21　电磁阀体

（2）空气悬架工作原理

系统根据高度传感器实时监测车身高度，当车身高度发生变化时能依据一定算法自动对弹簧气囊充气或放气，从而使车身维持在设定高度，保证空气弹簧处于最佳工作状态。在汽车车身的升高和降低过程中，空气弹簧的伸缩方式有着不同的过程。

① 汽车车身升高（悬架伸长）过程　汽车乘员人数或装载质量增加时，车身高度下降，控制单元通过传感器监测到车身高度下降，控制单元打开升阀，压缩空气经电磁阀进入空气弹簧，随着空气弹簧气压的上升，车身也随之上升，在充气过程中控制单元对高度进行实时监测，当高度恢复到设定值时，关闭电磁阀。此时高度控制阀又处于平衡状态，以保证汽车高度维持在一定值。

　　a.空气弹簧压力较小时的伸长过程　活塞被拉着向上运动，一部分机油流过活塞阀，另一部分机油通过工作腔内的孔流往 PDC 阀。

　　由于控制压力（空气弹簧压力）及液体流过 PDC 阀的阻力增大了。因而减振力（阻尼力）就增大了，如图 3-1-22(a) 所示。

　　b.空气弹簧压力较大时的伸长过程　由于控制压力（空气弹簧压力）及液体流过 PDC 阀的阻力增大了。大部分液体（取决于控制压力）必须流过活塞阀，因而减振力（阻尼力）就增大了，如图 3-1-22(b) 所示。

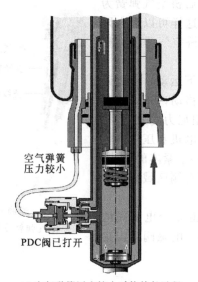 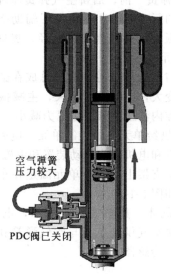

(a)空气弹簧压力较小时的伸长过程　　　(b)空气弹簧压力较大时的伸长过程

图 3-1-22　汽车车身升高过程

② 汽车车身降低（悬架压缩）过程　汽车乘员人数或装载质量减少时，汽车车身高度上升，控制单元通过传感器监测到车身高度上升，控制单元打开降阀，弹簧内空气经电磁阀排出，随着空气弹簧气压的下降，车身也随之下降，在放气过程中控制单元对高度进行实时监测，当高度恢复到设定值时，关闭电磁阀。此时高度控制阀又处于平衡状态，以保证汽车高度维持在一定值。

　　a.空气弹簧压力较小时的压缩过程　活塞被向下压，阻尼力由底阀和（在一定程度上）液体流过该阀的阻力所决定。活塞杆压出的机油一部分经底阀流入储油腔，另一部分机油经工作腔内的孔流向 PDC 阀。

　　由于控制压力（空气弹簧压力）及液体流过 PDC 阀的阻力变小了，因而减振力（阻尼力）就减小了，如图 3-1-23(a) 所示。

　　b.空气弹簧压力较大时的压缩过程　由于控制压力（空气弹簧压力）及液体流过 PDC 阀的阻力增大了。大部分液体（取决于控制压力）必须流过底阀，因而减振力（阻尼力）就增大了,如图 3-1-23(b) 所示。

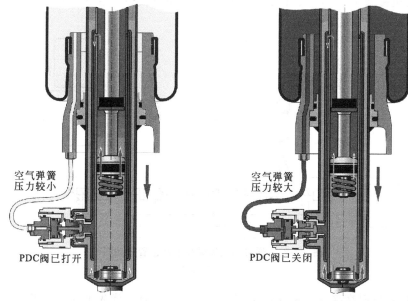

(a)空气弹簧压力较小时的压缩过程　　(b)空气弹簧压力较大时的压缩过程

图 3-1-23　汽车车身降低过程

(3) 空气悬架调节原理

① 通过蓄压器提高平衡位置

a. 加注蓄压器　当车速高于 30km/h 时,加注蓄压器。系统先接通电磁阀,接着接通压缩机和蓄压器,如图 3-1-24 所示。

b. 通过蓄压器提高平衡位置(以前桥为例)　蓄压器优先在车辆静止以及低速行驶期间的调节过程中使用,以改进车辆声学系统。一般而言,当蓄压器的压力至少比待调节空气弹簧中的压力高出约 3bar 时,才会用蓄压器完成调节过程。

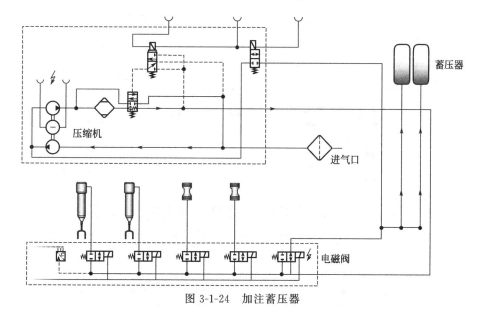

图 3-1-24　加注蓄压器

如图 3-1-25 所示,该气动图以前桥上提高平衡位置为例,展示了阀门接通情况。控制电磁阀体内的电磁阀 1 和 2,压缩机不运行(处于关闭状态)。空气从蓄压器流经打开的电磁阀 1 和 2,流入前桥空气弹簧。

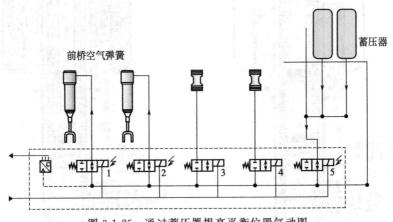

图 3-1-25　通过蓄压器提高平衡位置气动图
1～5—电磁阀

② 通过压缩机提高平衡位置　当车速高于 30km/h 时,优先通过压缩机产生压力来完成调节过程。为此控制电磁阀体内相应的电磁阀,并打开压缩机与空气弹簧的连接管路,如图 3-1-26 所示,通过压缩机的增压功能产生压力,从而提高前桥上的平衡位置。

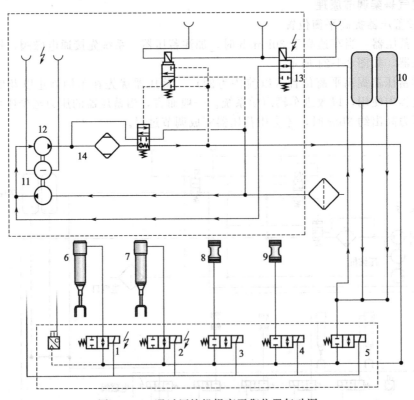

图 3-1-26　通过压缩机提高平衡位置气动图
1～5—电磁阀;6,7—前桥空气弹簧;8,9—后桥空气弹簧;10—蓄压器;11—压缩第一级;
12—压缩第二级;13—增压功能电磁阀;14—空气除湿器

此项功能属于增压设计。在需要时，可以极其快速地建立压力，这项功能使用的是蓄压器压力。蓄压器内的压缩空气为此被导入压缩机压缩第二级的进气装置中。因此，再次提高压缩第一级中存在的压力。当蓄压器中的压力不足以完成调节操作时（压力高于5bar），就会激活这个增压功能。当蓄压器内的压力在调节过程期间低于5bar时，并不会中断调节过程，而是直接结束。

启动电磁阀13时，蓄压器内压缩的空气可能额外进入压缩机压缩第二级12的进气区域内。压缩的空气在离开压缩机区域之前流经空气除湿器14，它用于抽出空气中的湿气。

③ 平衡位置降低（以后桥为例） 如图3-1-27所示，通过控制电磁阀体内的电磁阀1~4打开连接压缩机和空气弹簧的管路。为了排出空气弹簧中的压缩空气，必须打开气动转换阀。这一步通过启动电磁阀12实现。该电磁阀打开，压力作用到气动转换阀的控制接口上，转换阀被切换到打开位置上。

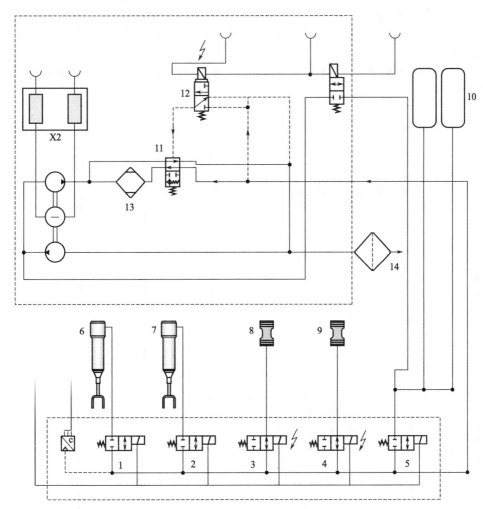

图3-1-27 平衡位置降低气动图
1~5—电磁阀；6,7—前桥空气弹簧；8,9—后桥空气弹簧；10—蓄压器；
11—气动转换阀；12—电磁阀；13—空气除湿器；14—进气/排气口

空气流经该阀门，并通过进气/排气口逸出。此时，压缩的空气流经除湿器，并带走湿气。

3.2 典型大众车系底盘故障案例

3.2.1 迈腾车系

(1) 电子机械式制动器控制单元 J540 唤醒导线故障

车型	迈腾	行驶里程	3000km

故障现象

仪表上电动驻车制动器和手制动器故障指示灯 K214 点亮。用 VAS5051 读取故障码，在 53-J540 里故障码为电动驻车制动器 ECU 唤醒导线对正极短路，03-J104 里为电子手刹 ECU 信号不可靠，25 里为 ESP 信号不可靠。后两个故障为偶发性故障，清除故障码后连续开关点火开关时，故障不再出现。但当关闭点火开关几分钟后，打开点火开关则再次出现同样的故障码。

J540 控制单元电路如图 3-2-1 所示。从图 3-2-2 中可以看到，J540 与动力 CAN 是彼此分开的。

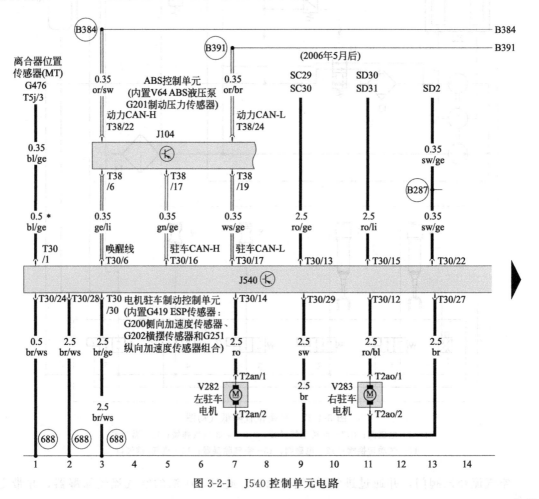

图 3-2-1 J540 控制单元电路

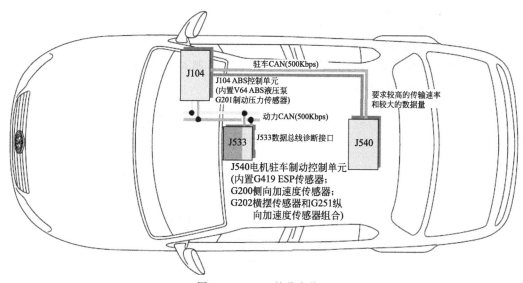

图 3-2-2　J540 的分布位置

工作原理

关于唤醒线，舒适 CAN 由于有睡眠功能且必须随时保证立即工作，电源不受点火开关电源控制，所以需要 CAN-L 较长时间为 6V 左右电压，对舒适 CAN 进行唤醒，但是不需要单独唤醒线。动力 CAN 的工作受 15 正电控制，即打开点火开关后所有与动力 CAN 连接的控制单元都工作，无唤醒。

关于电子驻车制动系统 CAN，可能是关闭点火开关后，理论上 J104 应该停止工作，但是此时电子驻车制动系统仍需工作，如果此时按下驻车制动开关，J540 要将此信号传递给 J104，即要通过唤醒线进行唤醒，等 J104 工作后才通过驻车 CAN 发送信号。因此，如果唤醒线有故障，不能唤醒 J104，就可能出现关闭点火开关几分钟后就会出现故障码。

故障诊断

① 用万用表着重检测 J540 中的 T30/6 线是否正常，如是否导通，是否对地/电源短路。

② 断开 J540 控制单元的插接器，关闭点火开关几分钟后重新读故障码。如果此时在 25 中没有出现 ESP 信号不可靠的故障码，则应为 J540 故障。

③ 更换 J540 后故障排除。

（2）右后轮电子驻车制动器偶尔失效

车型	迈腾 1.8T	行驶里程	1900km

故障现象

在行驶途中遇到红灯亮时使用驻车制动，当释放电子驻车制动开关后，车辆在起步时发现仪表板上的电子驻车制动故障指示灯点亮，驻车指示灯闪烁，电子驻车制动开关指示灯闪烁，右后轮电子驻车制动器未释放。该车之前出现过类似的故障，在经销商处清除过故障码后仅行驶了 400 多公里，故障再次发生。

故障诊断

① 利用 VAS5051 检查电动驻车制动系统，其故障码如下。

03200 12 1：电子驻车制动开关 E538 故障。

02435 009：控制单元右侧通道供电电压断路/对地短路。

02442 009：操作单元功能灯断路/对地短路偶然。

② 经检查确认故障现象为右后轮电子驻车制动未释放。

③ 根据读取的故障码与故障现象结合电子驻车制动控制系统构成、电路图分析（图 3-2-3、图 3-2-4），可能的原因如下。

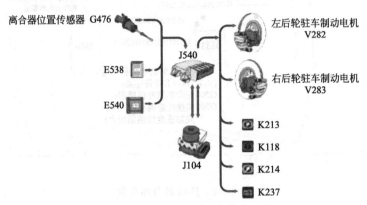

图 3-2-3　J540 控制单元各执行元件

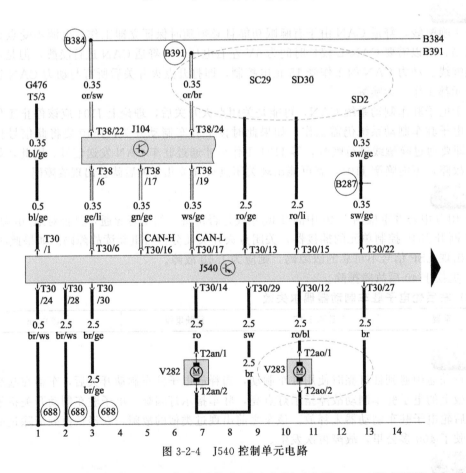

图 3-2-4　J540 控制单元电路

a. 电子驻车制动控制单元 J540 与右后轮电子驻车制动电机 V283 线束断路或短路。

b. 右后轮电子驻车制动电机 V283 失效。

c. 电子驻车制动控制单元 J540 供电和搭铁线路故障。

d. 电子驻车制动控制单元 J540 控制单元本身故障。

④ 当按下电子驻车制动开关时，测量 T30/12 与 T30/27 之间的电压为 0V，测量右后轮驻车制动电机 V283 两端子 T2ao/1 与 T2ao/2 的电阻约为 0.5Ω；给 V283 两端施加 12V 电压，电机能正常运转，说明 V283 工作正常。

⑤ 分别测量控制单元 J540 端子 T30/12 与 T2ao/1、T30/27 与 T2ao/2 之间的导线电阻，均为 0.05Ω，表明 J540 与 V283 之间的连接线路正常。

⑥ 检查熔丝 SD2、SC29、SC30 未熔断，分别检查控制单元 J540 端子 T30/13、T30/15、T30/22 与搭铁线间的电压为 12.5V，分别测量 SD2 与 T30/22、SC29 与 T30/13、SC30 与 T30/15 之间的导线电阻为 0.05Ω，表明供电线路正常。

⑦ 分别测量控制单元 J540 端子 T30/28、T30/30 与车身搭铁之间的电阻均为 0.05Ω，表明 J540 搭铁线正常。

⑧ 怀疑 J540 存在故障，于是采用替代法更换 J540 试验，故障现象消除，但把本车的 J540 安装到其他车上试验电子驻车制动工作也正常；于是把原车的 J540 装回到原车上，故障现象也消除了，由此可判定原车的 J540 是正常的。

⑨ 诊断至此，故障现象虽然消除了，但真正的故障原因却未发现。于是采用振动法进行故障征兆模拟试验，对与右后轮电子驻车制动工作相关的连接导线、插座在垂直和水平方向摇动；当轻轻摇动熔丝 SC29 时，发现该熔丝有明显的松动现象，拆卸 SC29 熔丝后检查发现该熔丝插座有一插脚已向两侧开裂（图 3-2-5），利用专用工具 VAS1978 重新处理该插脚后，故障未再发生。

故障原因

由于 SC29 是为右后轮驻车制动电机 V283 提供工作电源的，当该熔丝接触不良时，将导致制动电机 V283 无法正常工作。

专用工具/设备

VAS5051、VAS1978、万用表。

相关提示

① 对于电气系统出现的偶发故障，通过一般检查不能找到故障原因时，可以通过故障征兆模拟试验设法使故障再现，本例就是采用振动法模拟供电线路接触不良的情形，最终找到故障点的。

② 对于熔丝的检查，除了需要检查熔丝是否熔断外，还需仔细检查熔丝与插脚接触是否良好，本例就是由于在检查熔丝时忽略了熔丝与插脚之间是否接触良好，而增加了不必要的检测工作。

图 3-2-5　SC29 熔丝的检查

3.2.2　速腾车系

(1) 差速器异响

车型	速腾 1.8T	行驶里程	39917km

故障现象

低速大角度转向，车辆底盘发出"咕咕"声。

故障诊断

① 确认故障车辆以 20km/h 转弯时，其前部有异响。

② 把车辆举升后，使任意一侧的驱动轮制动，异响仍然存在，排除车轮轴承和制动系统异响。

③ 更换驱动半轴，异响仍然存在，排除半轴有故障的可能。因只有车辆转弯时存在异响，故判断为差速器的响声。

④ 分解变速器，测量差速器行星齿轮的齿轮间隙和啮合印痕，发现啮合印痕在齿根部位。判断是差速器不正常啮合，产生异响。

故障原因

由于差速器球形衬套的不正常磨损，造成差速器的行星齿轮啮合部位达到了齿轮根部（正常应为齿轮中部啮合）。因为差速器行星齿轮只是在转弯时才发生转动，所以这种异响会在转弯时出现，故障表现为低速转弯时整车的噪声比较小，异响明显。故障部位如图 3-2-6 所示。

图 3-2-6 差速器行星齿轮

故障排除

根据最新的信息通报，可以更换迈腾 1.8T 手动变速器油，零件号码为"N052 171 01"，行驶 500km 后再判断是否有减轻的迹象，若故障仍然存在，则只能更换球形衬套，再检查啮合印痕和齿隙。对于有异响的差速器拆下后要检查啮合印痕和齿隙。实际测量新装配的差速器行星齿轮的齿隙在 0.4mm 左右，而发生异响的差速器的实际测量数据为 0.6mm 左右（以上两个数据仅供参考），并且故障差速器啮合印痕所在部位为齿轮根部。具体的检查方法如图 3-2-7 所示。

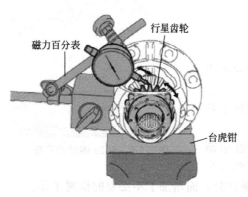

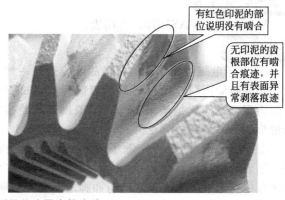

图 3-2-7 测量差速器齿轮齿隙

专用工具/设备

磁力百分表、台虎钳、印泥。

相关提示

在判断是否为差速器异响的过程中，要求能够大角度（转向盘转角大于 180°）转弯，并且伴随不同的加减速，如果异响能够随着车速改变，一般是差速器故障的概率高。

(2) 转向故障灯报警

车型	速腾	行驶里程	4583km

故障现象

行驶中转向故障灯报警，转向沉重。

故障诊断

① 启动车辆后转向故障灯（黄灯）点亮，如图 3-2-8 所示。

② 用 VAS6150 读取转向系统故障码为 00573（冷却液温度传感器 G62 未达到下限偶发），电子转向系统工作原理如图 3-2-9 所示。

图 3-2-8 转向故障灯点亮

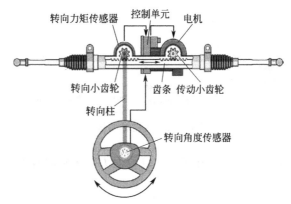

图 3-2-9 电子转向系统工作原理

控制单元通过识别转向角度传感器和转向力矩传感器的信号来计算转向电机输出的力矩，在电子转向组件中没有和冷却液温度传感器部件有关的部件。采用故障引导测试，发现故障原因，在车辆自诊断中故障码 00573 冷却液温度传感器 G62 故障变为转向力矩传感器 G269 下限额定值太低，由此判断是因为诊断仪翻译错误导致错误的故障提示，如图 3-2-10、图 3-2-11 所示。

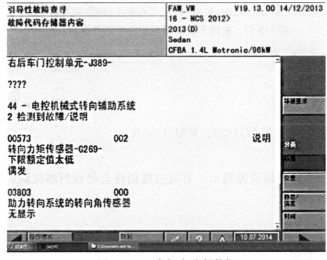

图 3-2-10 车辆自诊断数据

> **故障原因**

初步分析是磁阻传感器元件（图3-2-12）与电磁磁极转子距离过远导致信号太小造成的。

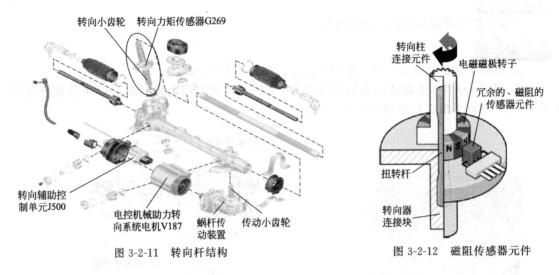

图3-2-11 转向杆结构　　　　图3-2-12 磁阻传感器元件

对比故障车辆和正常车辆转向力矩传感器数据，如图3-2-13所示。

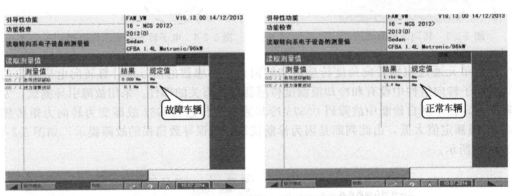

图3-2-13 故障车辆数据与正常车辆数据的对比

> **故障排除**

更换电子转向机总成。

> **专用工具/设备**

VAS6150、VAG1331、VAG1332、VAG1995K。

> **相关提示**

维修故障时不要一味相信故障提示，有时过度信任会导致判断失误，因此在故障判断时要多方面考虑，综合判断。

3.2.3　高尔夫车系

（1）行驶中向右跑偏

| 车型 | 高尔夫A6 | 行驶里程 | 30746km |

故障现象

行驶中车辆严重向右跑偏。

故障诊断

① 根据故障现象首先判断为四轮定位不准确导致跑偏,用四轮定位仪 VAG1995K 测量数据,如图 3-2-14 所示。

② 通过定位仪数据发现目前此车应向左跑偏才对,而不是向右跑偏,对此先调整好车辆数据,再进一步分析。除了定位之外导致跑偏的原因有以下几点。

a. 轮胎磨损不一致。

b. 轮胎气压不一致。

c. 转向角度传感器 G85 没有在零点位置。

③ 目测轮胎两侧磨损基本一致,测量轮胎气压均为正常状态,所以轮胎问题基本可以排除。当转向盘在中间位置时读取转向盘角度为 0°,如图 3-2-15 所示。

图 3-2-14 四轮定位仪测量数据

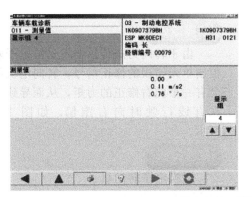 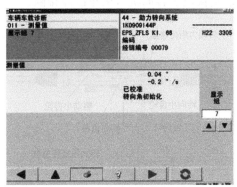

图 3-2-15 读取转向盘角度

④ 当在移动车辆时发现打死转向盘时仪表上电子转向助力故障灯(黄灯)点亮,回位转向盘后故障灯熄灭,如图 3-2-16 所示。

⑤ 读取电子转向机故障码为 00573(转向力矩传感器超出上限),如图 3-2-17 所示。

 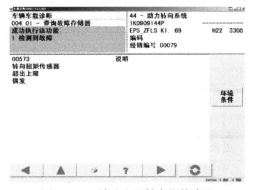

图 3-2-16 仪表盘警告灯　　　　　　　图 3-2-17 读取电子转向机故障码

⑥ 根据故障码分析可能原因是转向力矩传感器信号不正确，将两个车辆的转向盘在自由状态下对比，读取转向力矩传感器信号，发现转向力矩向右输出较大，如图 3-2-18 所示。

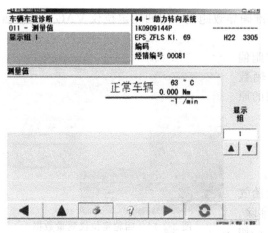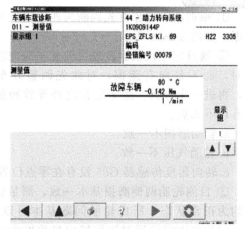

图 3-2-18　读取转向力矩传感器数据

⑦ 更换电子转向机后试车故障排除。

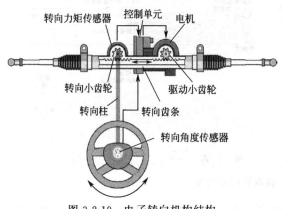

图 3-2-19　电子转向机构结构

故障原因

由于转向力矩传感器发送给电子转向控制单元错误的修正信号，转向电机始终会有一个向右修正的力矩，从而导致车辆在直线行驶时向右跑偏，如图 3-2-19 所示。

故障排除

更换电子转向机。

专用工具/设备

VAG1995K、VAS6150。

相关提示

在正常维修中不要盲目寻找故障原因，对于一些电气故障要充分利用数据分析，避免错误判断。

（2）制动器支架故障导致车辆异响

车型	高尔夫 A6

故障原因

制动器支架导向销松旷，如图 3-2-20 所示。

故障排除

更换制动器支架。

操作过程

① 拆卸制动摩擦片（对继续使用的摩擦片，拆卸前标记安装位置）。
② 取下制动钳并妥善固定，以防制动钳的重量损坏制动软管。

③ 拧下制动器支架固定螺栓，如图 3-2-21 所示。

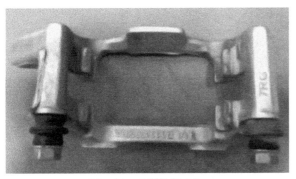

图 3-2-20　制动器支架

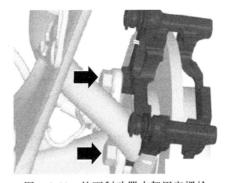

图 3-2-21　拧下制动器支架固定螺栓

④ 安装新的制动器支架，安装以倒序进行。
⑤ 在停车状态下多次将制动踏板用力踩到底，使制动摩擦片位于与其运行状态相符的位置上。

相关提示

当继续使用制动摩擦片时，将标记过的制动摩擦片重新装回原位。

制动器支架导向销松旷只是引起异响的可能原因之一，维修时需谨慎排查周边相关部件。

3.2.4　新宝来车系

(1) 坏路行驶或踩制动踏板时底盘有"咕吱、咕吱"声

车型	新宝来	行驶里程	1009km

故障现象

车辆在坏路行驶或踩制动踏板时底盘有"咕吱、咕吱"声，过减速带或不平路面时，响声很明显。

故障诊断

① 试车确定故障异响声发生在车身前部，举升车辆检查底盘，按规定的力矩紧固车辆底盘螺栓，如图 3-2-22 所示。
② 底盘螺栓紧固后试车，故障依旧。利用工具听诊，发现异响声集中在右前副车架和右前梁部位。
③ 举升车辆，拆下副车架螺栓检查，发现副车架固定螺栓（右前）有螺纹损坏现象，如图 3-2-23、图 3-2-24 所示。
④ 拆卸副车架，用 VAS6058 专用工具（图 3-2-25）对车架上螺纹孔进行修复（此步必须要做，若直接更换副车架螺栓会损坏螺纹），修复后更换副车架螺栓并安装，安装完毕后试车，故障排除。
⑤ 进行路试，异响消除。

故障原因

副车架固定螺栓装配原因，造成螺纹损坏。

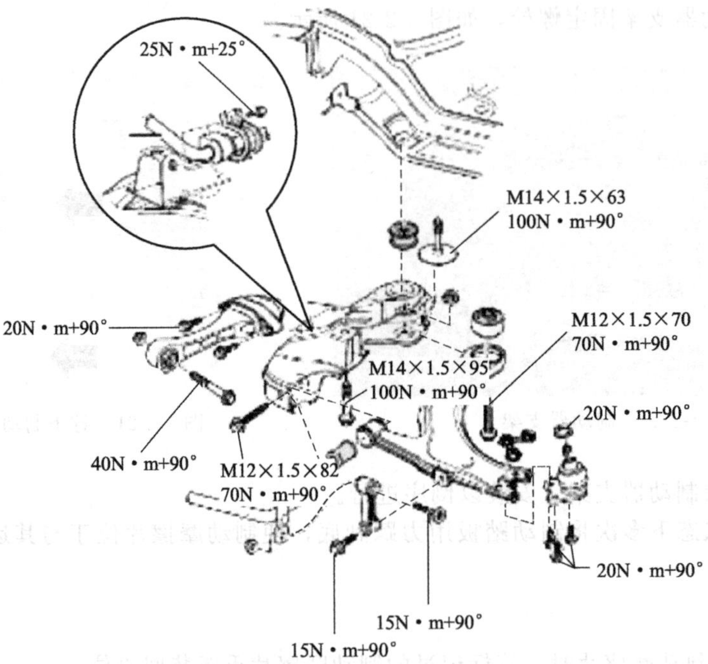

图 3-2-22 底盘各螺栓位置

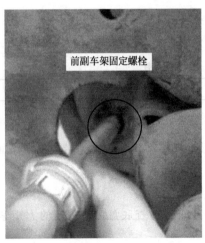

图 3-2-23 拆下副车架螺栓

图 3-2-24 螺栓损坏

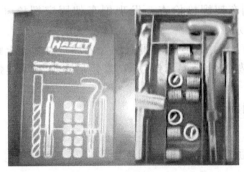

图 3-2-25 专用工具

专用工具/设备

VAS6058、VAG1756、VAG1383A、Hazet 6292-1 CT、Hazet 6290-1 CT、3283。

相关提示

处理车辆异响时一定要反复路试确定故障部位，不要盲目更换零部件处理。

3.3 典型奥迪车系底盘系统故障案例

3.3.1 奥迪 A4L 车系

(1) 原地打方向有"叽叽"声

车型	A4L 2.0T	故障频次	一直
行驶里程	356km	变速器型号	0AW

故障诊断

① 底盘悬挂螺栓松动。
② 转向机及助力泵张紧部位皮带有故障。
③ G85 传感器及转向传动杆等有故障。

按照先易后难原则逐一排除，最后判断为转向传动杆故障，试换转向传动杆异响消失，但是不久客户又反映同样故障现象，拆下转向传动杆没有发现异常，在检查中发现转向传动杆和别的车不一样，中部多了一个轴承，在转动该轴承时发现有卡滞现象。分解该轴承发现其内部为一塑料卡环，试着在此部位加注润滑脂，试车异响消失，后跟踪该车，客户反映异响彻底排除，后来又有几辆车因同样故障用此方法排除。加注润滑脂部位如图 3-3-1 所示。

图 3-3-1 转向传动杆

(2) 车辆起步时第一脚制动有"咯噔"声，以后一直正常

车型	A4L	故障频次	一直	行驶里程	66km

故障诊断

① 检查制动时前部异响，首先进行了试车，发现异响来自两前轮位置。
② 车辆升起后在工位上试验，经检查发现是前制动片异响，拆检时发现制动片与支架间有一定间隙，且间隙过大，拆下后发现制动片限位槽较大。初步诊断为制动片与支架槽之

间的间隙过大导致制动异响。

③ 试验更换新备件后试车响声依旧。

故障排除

尝试改变制动片和支架之间的间隙。在制动片限位槽处点焊两下，再用锉刀锉平，直到制动片能正常装上为止（留好正常活动间隙），如图 3-3-2 所示。装好后试车，异响消除。

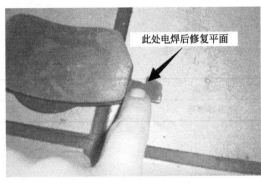

图 3-3-2　制动片的安装

（3）前轮前进和倒退切换后再制动出现"嘎嘎"声

车型	A4L 2.0T
行驶里程	8400km

故障诊断

① 此车自 3372km 时就反映前轮前进和倒退切换后再制动出现"嘎嘎"声，试车确实存在，与其余车对比，其余车也存在此现象，但频次和大小相差很大，故障车明显严重。

② 清洁和润滑制动系统部件，更换新前制动片和托架及前轮轴承，未能彻底解决问题。进一步分析为制动片在托架上晃动量大。

③ 测量发现几副制动片托架相关位置尺寸［图 3-3-3(a)］相差较大（所测三副制动片托架，最大 13.80mm，最小 13.40mm），较小的装上声音就大，较大的装上声音就小，但都存在。要想声音几乎听不见，需在图 3-3-3(b) 所示位置加一垫片，使此间隙用手晃动几乎感觉不到（但要保证制动片正常顺畅移动）［图 3-3-3(c)］。

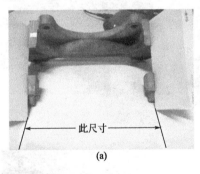

(a)

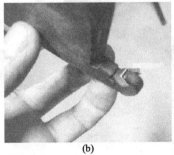

(b)

(c)

图 3-3-3　制动片托架

④ 加垫片试车跟踪至今无异响。

相关提示

制动片托架制造公差太大，需再减小公差范围。加装调整垫片是有隐患的，尽量不采用。

（4）打方向沉，无助力

车型	A4L	发动机型号	CDZ	故障频次	一直
行驶里程	12989km	变速器型号	0AW		

> **故障诊断**

打方向沉，无助力，检查助力油液位正常，助力系统无渗漏，助力油管路安装位置正常，无打结及干涉；举升车辆扭转轮胎也十分费力，就此判断故障原因应在悬挂系统。仔细检查车辆前悬挂球头及摆臂未见异常，车辆下部无磕碰痕迹；断开转向柱与转向机的连接扭转车轮，车轮活动正常，检查转向柱万向节，发现万向节有一个方向无法正常活动（图3-3-4）。

> **故障排除**

更换转向柱万向节。

> **相关提示**

该车长期在高灰尘地区使用，转向柱万向节又暴露在车身外面，工作环境恶劣，建议改进该部件或在定期保养时加入对其的润滑保养。

（5）颠簸路面行驶时右前悬挂有异响

车型	A4L B8	底盘号	LFV3A28K1A3033982	变速器型号	0AW
行驶里程	102635km	故障频次	经常		

> **故障诊断**

可能引起悬挂异响的部件如下。
① 减振器。
② 上控制臂。
③ 下控制臂。
④ 半轴及内、外球笼。
⑤ 平衡杆胶套及小连杆。
⑥ 转向机及拉杆球头。
⑦ 发动机脚垫。

在水平地面人为使劲摇晃车身，发现右前异响声音比较明显，依次检查以上部件，发现右前平衡杆连杆胶套有脱胶现象，如图3-3-5所示。

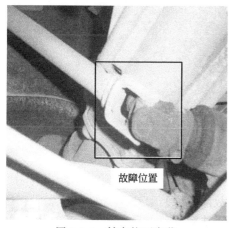

图 3-3-4 转向柱万向节

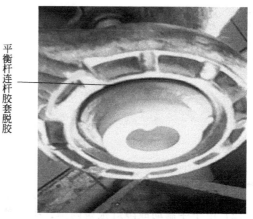

图 3-3-5 平衡杆连杆胶套脱胶

> **故障排除**

更换平衡杆连杆。

3.3.2 奥迪 A6L 车系

(1) 电动转向柱垂直调节故障

车型	A6L	发动机型号	BDW	故障频次	一直
行驶里程	54km	变速器型号	01J		

故障现象

电动转向柱垂直调节不正常，向上调节不能到达上止点，只能到一半，向下调节可以到达下止点，轴向调节正常。

故障诊断

用 VAS5052 查询控制单元无故障，对 09 供电控制单元进行基本设置后，垂直、轴向都不能调节了，查看第 2 组数据块，发现第 1 区（霍尔传感器计算轴向的转向柱调节器电机的脉冲值为 2048）、第 2 区（霍尔传感器计算垂直方向的转向柱调节器电机的脉冲值为 2048）都是最大值，此时手动调节也失效。

① 将车辆断电 20min 后，手动调节功能恢复，但故障不能排除。
② 与其他车辆互换垂直方向的调节器电机后，在进行基本设置后又不能调节了。
③ 更换 J519，故障不能排除。
④ 将其他车辆的转向柱总成拆下后，插在故障车上，执行基本设置后，垂直、轴向调节都能够到达止点，但装上车后故障又出现了。
⑤ 经过反复拆装发现仪表台铁支架固定转向柱总成的四个点不在同一平面，如图 3-3-6 所示。

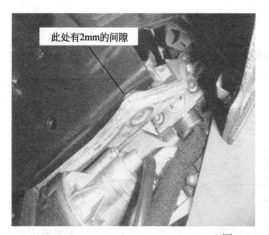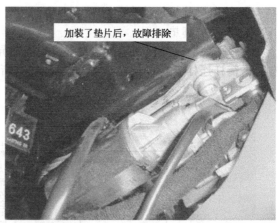

图 3-3-6 转向柱总成

故障排除

找出不在同一平面的点，加适当厚度的垫片，故障排除。

(2) 电子手制动故障灯报警闪烁，手制动锁止无法解除

车型	A6L 2.4L	发动机型号	BDW	故障频次	一直
行驶里程	157798km	变速器型号	01J		

故障诊断

① 53 电子手制动系统报出 2432、12、2433、12 左右停车制动器电机供电电压电器故障静态，故障码无法删除。

② 按照故障引导检查 53 系统控制单元供电、接地、线路都正常，重新给电子手制动系统控制单元进行编码、匹配、基本设定、元件执行，给控制单元断电半个小时都无效。

③ 对电子手制动开关供电 5A 熔丝断电触发多次，同时操作电子手制动开关，反复打开关闭，直到制动踏板有反弹现象，说明操作匹配成功，仪表故障灯自动熄灭，检测 53 电子手制动系统报出 2432、12、2433、12 左右停车制动器电机供电电压电器故障静态变为偶发，故障码可以删除。

(3) 仪表显示 TPMS 故障灯报警

车型	A6L	故障频次	一直
行驶里程	180km	发动机型号	BDW

故障诊断

① 用 VAS505X 检查制动系统，存储有"轮胎直径信号不可靠偶发"。测量四个轮胎压力正常。删除故障码后试车，第一次以 30km/h 以上的速度试车 15min 后，没有报警。在第四次试车后，故障再现，用 VAS505X 检查是同样的故障码。

② C6PA 轮胎压力监控系统是间接测量系统，它通过轮速传感器来获得信号，如图 3-3-7 所示。

③ 造成轮胎直径信号不可靠的故障原因如下。

a. 轮胎本身有问题。

b. 轮速传感器有问题。

c. ESP 传输有问题。

d. J793 本身计算有问题。

④ 本着"由简入繁"检查的原则，首先检查轮胎、轮毂，目测轮胎、轮毂型号都一样，而且胎压也正常。检查四个轮速传感器也没有发现任何问题。更换了 J793 后故障依旧。

⑤ 因为换 ESP 控制单元比较麻烦，于是先更换了四个轮胎，换后多次试车也没有再现故障。

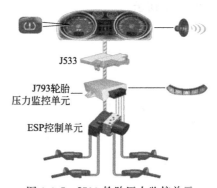

图 3-3-7　J793 轮胎压力监控单元

⑥ 换上以前的四个轮胎后，在第五次试车后，故障又现，看来问题确实是出在轮胎上。

⑦ 目测看不出任何问题，在试车过程中，读取 ESP 控制单元轮速的数据，四个数据一样，但是在读取 J793 的数据时，发现在直线行驶时左后轮的数据有时比其他三个轮的数据少 1～3km。

⑧ 用盒尺测量左后轮胎的直径比其他轮大 3mm，如图 3-3-8 所示。

⑨ 更换了左后轮胎后试车，故障再没有出现。

(4) 车辆低速时，稍微转弯车内明显有振动感觉，伴有"哽哽"声

车型	A6L 4.2L	故障频次	经常
行驶里程	50000km	变速器型号	09L

 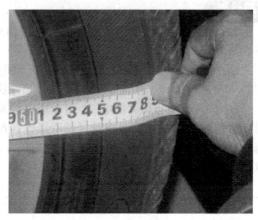

| 正常 | 不正常 |

图 3-3-8　正常轮胎直径与不正常轮胎直径的对比

故障诊断

① 试车发现低速时，稍微转弯前后轮胎明显振动，直线行驶振动较小。

② 查询控制单元内没有故障；开始以为 ABS 起作用，查看传感器信号正常，没有起作用的迹象。

③ 分析认为与四轮驱动有关的只有托森差速器。将托森差速器拆下，与新件对比发现旧件外部双螺旋齿轮能随意转动，而新件往外转动半圈左右就会自锁住，向内能随意转动，如图 3-3-9 所示。

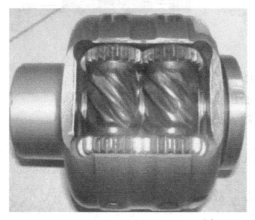 

图 3-3-9　托森差速器

故障排除

更换新托森差速器。

相关提示

产生此故障的可能原因是曾经更换的后轮胎比前轮胎小一号。

(5) 车速为 100～130km/h 时转向盘抖动

车型	A6L 2.4L	发动机型号	BDW	故障频次	经常
行驶里程	116186km	变速器型号	HRX		

故障诊断

首先进行路试，以确定故障。发现在车速为 120km/h 左右时开始抖动，并伴有底盘振动，在踩制动踏板时也有抖动。

检查底盘，悬挂与各摆臂均正常。进行四轮动平衡，并目视检查轮胎与轮辋的摆动情况。发现左后轮辋轻微摆动，调换了备胎轮辋，并重新调整了动平衡数据。进行路试，故障依旧。

随后调用试乘试驾车，把试乘试驾车的两侧半轴、四个轮胎全部装到故障车上，故障还是没有排除。此时发现两个前盘有烧蚀的现象。试着更换前制动盘片，车身抖动消失，制动抖动也消失了，如图 3-3-10 所示。

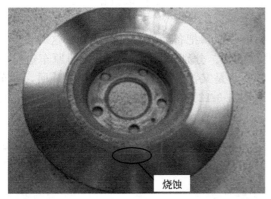
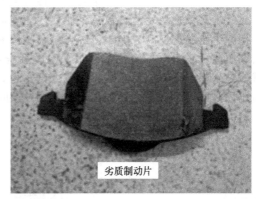

图 3-3-10　制动盘和劣质制动片

分析为劣质制动盘与制动片不正常摩擦而烧蚀，产生轴向摆动，导致动平衡失效，发生行车抖动。

（6）车辆正常行驶急加油后收油时发动机前部有时会有异响

车型	A6L	发动机型号	BPJ	故障频次	偶尔
行驶里程	16300km	变速器型号	01J		

故障诊断

首先进行试车，经过长时间的试车确定异响出现的频率与条件，急加油（1000～1500r/min）后收油时，无论是转弯还是直行，有时异响就会再现。异响类似张紧器调节的声音，怀疑是皮带张紧器，调换一个皮带张紧器，检查发电机没有异常。试车，异响还是存在。先后调换了发电机及皮带、转向助力泵，异响与开空调无关，故障依旧。发展到后来在原地加油后收油有时也有异响，仔细体会转向盘也有振动的感觉，用手握住转向机有明显的振动。观察助力油管振动非常明显，因为在之前车辆出现事故时发现助力油管内部有一个节流阀，调换助力油管，故障消失，如图 3-3-11 所示。

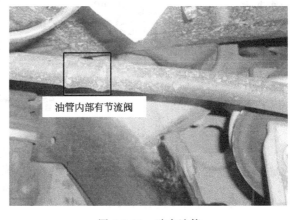

图 3-3-11　助力油管

3.3.3 奥迪 A8 车系

(1) 轮胎压力系统报警

车型	A8L 6.0L	故障频次	一直
行驶里程	10020km	变速器型号	09E

故障诊断

在 MMI 系统读取轮胎气压,所有轮胎气压数据都没有反应,于是对所有轮胎包括备胎重新进行充气并存储,试车约 20min/15km,轮胎气压系统再次报警。查询 MMI 系统仍然没有胎压显示,怀疑是某个车轮胎压传感器有故障,用 VAS5052 读取数据块 16,对 4 个轮胎放气观察数据块变化,包括备胎在内,轮胎气压变化正常(VAS5052 记录)。找来一辆新车把四个轮胎调换到故障车,经过试车故障和以前一样。把备胎取出接着试车,这时 4 个轮胎气压显示正常,备胎没有显示,胎压系统没有报警。分别把原车的轮胎装回原车进行测试,结果都正常,把备胎装在车轮上试车也正常,于是又把原车的 5 个轮胎全部装回,试车胎压还是报警。把备胎的胎压传感器调换 90°(图 3-3-12),试车故障消失了,如图 3-3-13 所示。

图 3-3-12 备胎胎压传感器调整

图 3-3-13 故障码消失

(2) 行驶中方向沉重等故障

车型	A8 D4	发动机型号	CMDA
故障频次	经常	行驶里程	38693km
变速器型号	0BK		

故障诊断

检测 1B 主动转向系统故障码为 02538(过载对功能的影响超出上限静态);自适应巡航、自我调平悬挂装置、距离控制系统记录为 U111200(不可信信号造成功能损害)。

此车曾检测过两次。第一次动态转向基本设定后短途试车没有发现故障,于是让客户先开走有问题再来检查，留下了导航报告。两天后因为该故障第二次进行检查，此时因 1B 记录为 02538 故障码，此故障有相关 TPI，直接按照 2028500/2 订购了 J792 控制单元。

更换了 J792 控制单元仍无法排除故障，基本设定做完后试车故障马上出来，而且直行时转向盘约偏右 40°，询问客户以前故障没出来的时候方向是正常的，而且此故障一直都由我们负责修理。判断方向上应该没有问题，故障应该在电子部件。于是查询了新的 J792 控制单元是否正常，并核对了 TPI。对比后发现以下不正常现象。

TPI—2028500/2 出现故障码 02538 时，如果测量值为 37 或 38 时要求更换 J792 控制单元。TPI—2029794/2 出现故障码 02538 时，如果测量值为 14、15 或 152 时要求升级和更换锁止电磁铁。其中 A8 车型不用升级，只需更换锁止电磁铁即可。

于是找了一辆同配置新车替换了锁止电磁铁后进行基本设定，故障依旧。以前进行基本设定一般不做四轮定位就可以设定好。此车方向偏右 40°，左右方向圈数也不一样，每次进行完基本设定行驶一会儿就报警，进行完基本设定后还是偏，所以怀疑定位有问题，于是对此车进行了四轮定位、动态转向校准和基本设置，然后试车，故障再没有出现。

换回以前车辆上安装的 J792 控制单元、转向锁止电磁铁后进行基本设置，试车也是一切正常，未见其他故障现象。

相关提示

执行 TPI 时需要确认清楚，尤其是要注意测量值。对车辆故障应该有自己的判断。由于转向盘的偏右造成转向角信号和行驶中偏摆率信号偏差，J792 无法计算出并行转角而无法实现可变转向传动比，进而造成方向沉重和仪表故障灯报警。本例中因为有测量值 152，建议更换动态转向锁止电磁阀。

（3）自适应悬架故障灯报警

车型	A8	底盘号	WAURGB4H8CN030057
行驶里程	47369km	故障频次	经常

故障诊断

使用 VAS5052A 自诊断存储故障为自适应悬架可靠性故障，高度控制阀机械故障，偶发故障，功能关闭启用故障。使用引导型功能对前桥及后桥进行充气，打气泵可以工作，但没有气压，功能不能开启。检查气泵气管正常，打气泵可以工作，但是不能打气，没有泄漏，判断为打气泵损坏或进气管堵塞。拆下进气管检查，管道里面有水，因进气口在行李厢备胎处，拆下备胎及盖板检查，行李厢右角处都是水，检查发现是行李厢右通风口处漏水。处理漏水后更换供气机组，故障排除，如图 3-3-14 所示。

故障排除

更换空气悬架打气泵。

相关提示

因行李厢进水造成打气泵进气口处进水。

（4）正常行驶中底盘有异响

车型	A8D4	底盘号	WAURGB4H0CN012510
行驶里程	25100km	故障频次	经常

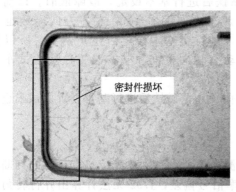

图 3-3-14 自适应悬架进水相关故障部件

故障诊断

进行试车，发现确实有"嗒嗒"振动的声响，感觉像变速器后端响声。把车举起来拆下底护板，发现有许多小石子。清除完毕后，继续试车，依然能听到声音。把底盘螺钉紧固了，继续试车还有声音，副驾驶位置感觉较明显。把右前座椅拆了，还有声音。把车举起来一个人在上面发动，一个人在下面听，最终确定了是右侧排气管在振动并发出异响。拆下护板，发现护板里面有一个排气管吊耳，拆下吊耳发现有一个支架翘起来了，如图 3-3-15 所示。

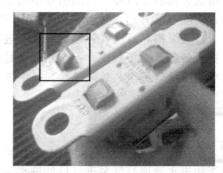

图 3-3-15 排气管吊耳

故障排除

更换排气管吊耳。

3.3.4 奥迪 Q5 车系

（1）动态转向报警

车型	Q5 2.0T	故障频次	两次	行驶里程	300km

故障诊断

用 VAS5052 进行引导性故障查询，有三个故障码：32228，转向电机内的传感器初始化不可靠信号，静态；7785，转向角度传感器基本设置/匹配没有或不正确，间歇式；10870，基本设置未执行，静态。

根据导航测试计划进行动态转向基本设置，定位后进行动态转向校正，校正结束后故障消失。进行试车故障未出现。

在行驶近 300km 时故障灯再次报警。用 VAS5052 进行检测依然是以上故障码，按由简到繁的原则，更换了 G85 转向角度传感器进行基本设置及初始化。故障码可以清除。再次进行试车，行驶了近 200km 时故障再次出现，再次检查还是原来的故障码。对控制单元进行检查，未发现有进水痕迹，控制单元发生故障的频率较低。检查控制单元供电及接地均正常。

因动态转向的转向角度是靠转向柱内的转向电机传感器来感知的，而且使用频率较高，所以怀疑是由于转向柱内转向电机传感器导致此故障现象。把我站配置相同车的转向柱与故障车进行对调后，对故障车进行试车，故障未出现。并对客户跟踪，故障现象未出现（已经行驶 2500km）。对我站的车进行试车，当行驶到近 300km 时，故障出现，用 VAS5052 进行检查，故障码与客户车故障码相同，由此判定是转向柱问题导致此现象。

（2）左右转动转向盘时发出异响

车型	Q5	发动机型号	CDN	故障频次	经常
行驶里程	6000km	变速器型号	0B5		

故障现象

车辆在左右转动转向盘时，在驾驶室内出现"吱吱"声。直行时没有任何异响。

故障诊断

进行试车检查，发现车辆在直行时一切正常。当向左或向右转动方向时，在转向盘的下部出现"吱吱"声。把连接转向机的转向十字轴断开，故障声依旧。又把转向盘连接随动转向轴处的十字轴断开，故障声消失。分析故障出现在连接转向盘与转向机之间的随动转向轴上。拆下随动转向轴后与其他车辆的对比，发现此随动转向轴外部的一个黑色轴套与其连接的外部蓝色轴套在安装位置上存在问题，进行重新调整后安装。车辆短时间内没有问题，一天后故障声响重新出现。初步分析此车的随动转向轴在其两个密封润滑连接件上出现间隙过大问题，导致车辆出现上述故障（图 3-3-16）。

故障排除

更换随动转向轴。

相关提示

该随动转向轴在安装时应十分注意，如不小心安装导致其变形后，故障无法消除。

图 3-3-16 随动转向轴

(3) 原地从右向左打方向时发出异响

车型	国产 Q5	发动机型号	CDN	故障频次	一直
行驶里程	1300km	变速器型号	0B5		

故障现象

原地从右向左打方向时,左侧悬挂处有"咯咯"声,从左往右打方向正常,行驶在颠簸路面时左侧悬挂附近也出现无规律的"咯咯"声。

故障诊断

试车发现声音的确存在,转动转向盘时,用手触摸感觉响声应该是来自上控制臂位置(非常有节奏的振动感),尝试更换了两根上摆臂,试车声音依旧存在。反复试车发现在车内听见的声音要比在外面更加清脆,开始怀疑故障点可能在车身部位,用手触摸左前减振支柱与车身纵梁连接部位,发现有非常明显的振动感,在原地左右晃动车身,发现此处也有非常明显的异响和振动感,怀疑是连接部位相互干涉或者是脱焊。尝试在连接部位进行点焊加固后,异响彻底消失,如图 3-3-17 所示。

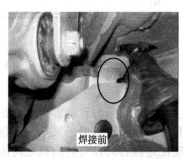
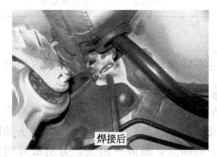

焊接前　　　　　　焊接后

图 3-3-17 左前减振支柱与车身纵梁连接部位点焊

相关提示

声音只在自右向左打方向时才有,分析是左、右转向时减振支柱的受力方向不同,转向过程中左前减振支柱与纵梁之间发生轻微位移,因松动造成异响。

(4) 车速为 40~70km/h 时底盘发出"呜呜"声

车型	Q5 2.0T	故障频次	经常
行驶里程	62314km	变速器型号	0B5

故障诊断

试车时故障现象与客户描述基本相符，声音来自仪表台前方，声音与转向助力泵的声音相似，好像由发动机舱传出。尝试改变挡位和发动机转速，对声音基本没有影响，排除了助力泵故障的可能，变速器也应该没有问题。

基本确定故障是由底盘传动部分或轮胎等部件造成的，举升车辆检查底盘和轮胎，没有发现任何问题。在举升机上模拟行驶，声音再次出现，仔细查找发现声音来自传动轴中间轴承，如图 3-3-18 所示。

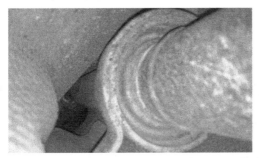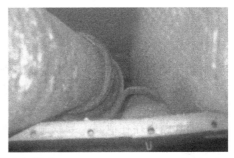

图 3-3-18 传动轴中间轴承

故障排除

将螺钉松动剂喷到轴承处，声音消失。

相关提示

声音是轴承防尘套与传动轴摩擦发出的，适当润滑即可。

（5）制动性能差

车型	Q5 2.0TFSI	底盘号	LFV3B28R6B3043872	故障频次	经常
行驶里程	22693km	变速器型号	0BK		

故障诊断

检查系统没有故障记录，试车发现该车制动软，能一脚踩到底，连续多次踩制动踏板后制动行程能恢复正常。证明制动系统管路有空气。

检查制动油位发现制动油位在上下线中间，没有明显少油，目测检查制动总泵、分泵、制动管路没有发现有漏油的痕迹。对制动系统进行排气后试车制动性能开始恢复正常，行驶10km 后制动再次变软。更换制动总泵后故障未解决。

拆检制动分泵时发现左后制动分泵手制动电机插接器上有制动油，分解发现制动分泵漏油至手制动电机腔内（外部没有漏油痕迹），如图 3-3-19 所示，更换制动分泵并排除空气后故障排除。

（6）制动踏板行程自动下降

车型	Q5 2.0T	底盘号	LFV3B28R4C3035089	故障频率	多次
行驶里程	22693km	变速器型号	0BK	发动机型号	CAD

故障诊断

此车在制动过程中感觉踏板偏低，从故障现象分析，此车故障原因可能如下。

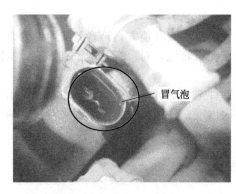 

图 3-3-19 制动分泵

① 制动系统内有空气。制动时需先压缩管路内空气后才能推动制动分泵工作。

② 制动总泵存在内泄现象，当制动力达到一定程度并保持时制动液又从活塞另一侧返回到制动储液罐中。

③ 制动管路中存在泄漏，导致制动踏板下沉。

故障排除

首先对制动系统进行了排气，经排气后试车感觉制动正常。但车辆行驶不到一天，客户再次反映制动行程太低。目测制动系统无泄漏现象，分析认为是制动总泵内泄所致（图 3-3-20）。

订购新的制动总泵更换后试车，制动力正常。使用一周后制动踏板行程再次降低。根据 ELSA 使用专用工具测量制动压力保持，高压 50bar 保持 45s，最多下降不能超过 4bar，低压 6bar 保持 3min，最多下降不能超过 1bar。测试结果显示制动系统保持压力正常。从当前检测结果看制动系统并无故障，但实际路试和对比其他正常车辆，该车确实存在制动踏板行程较低的现象。由于制动系统工作的好坏，直接关系到客户的安全。在没有清晰的诊断思路之前，决定对制动系统的主要部件进行替换试验。先后替换了制动总泵、制动真空助力泵、ABS 泵、制动液储液罐，但是结果仍不理想。此时分析制动系统只有管路和制动分泵没有更换，但该车并无事故，检查管路无泄漏现象，查阅制动系统相关资料的同时到技术交流群里咨询其他站是否碰到过类似故障，有两个服务站回复在 C6 和 Q5 上分别出现过类似故障。C6 是因为右前轮制动卡滞（从制动片磨损程度检查），导致类似故障。Q5 是后轮制动分泵漏油，导致制动行程低。该站人员强调必须拆下驻车电机才能看到漏油。再次检查故障车制动分泵，发现右后轮分泵从后面漏了不少制动液，在驻车电机和制动分泵之间的空腔处。由于驻车电机与制动分泵安装有密封圈，因此制动液并没有漏到制动分泵外面，如果不拆下驻车电机，根本发现不了分泵漏油。更换右后轮制动分泵与驻车电机（作为一个备件提供），排气后试车，故障排除。

图 3-3-20 制动总泵

> **相关提示**
>
> 该车由于右后分泵存在漏油现象,导致制动踏板行程自动下降。更换总泵时应该是泄漏较小,使用一周后故障进一步恶化,所以此时再更换总泵已无效果。同时由于右后分泵存在泄漏现象,则可能在制动后使系统吸入空气。制动系统在泄漏和有空气的双重影响下,最终导致制动力下降,只有增加制动行程才能产生足够的制动力。由于后制动分泵和驻车电机之间有密封圈,因此在制动液没有存储满空腔或空腔内压力没有达到一定值时从制动分泵的外观是看不到制动液泄漏的。以后在检查类似故障时,一定要拆下驻车电机检查后制动分泵是否泄漏;同时要观察制动片的磨损程度是否差别过大,如是可能存在制动卡滞。可通过路试并用红外测温仪来检查制动分泵的温度,DOT4的沸点是230℃,如温度达到或临近该值则可能由于温度高产生气体。

(7)原地或低速行驶转向时前轮处发出"咔嗒、咔嗒"的清脆响声

车型	Q5	底盘号	LFV3B28R6B3010385	故障频次	持续
行驶里程	51781km	变速器型号	0BK		

> **故障诊断**
>
> 在转动转向盘时,前轮处无规律地发出清脆的"咔嗒、咔嗒"的异响,在举升机上查听前桥下部,确认响声出自转向横拉杆。检查转向横拉杆的锁紧螺母,发现拧紧力矩不足(图3-3-21、图3-3-22),重新紧固后试车,异响消除。

图3-3-21 横拉杆锁紧螺母

> **相关提示**
>
> 另有其他车辆出现类似响声,最终查明是转向横拉杆外侧球头的紧固螺母松动造成的。目前,A4L、A5、Q5已出现多例由于上述两种原因导致的异响。

(8)打方向时有"嘎嘎"声

车型	Q5 2.0T	发动机型号	CAD
故障频次	一直	行驶里程	238km
变速器型号	0BK		

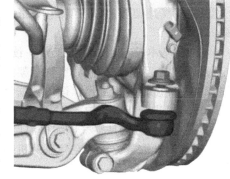

图3-3-22 横拉杆锁紧位置

> **故障诊断**
>
> 车辆打方向时有"嘎嘎"声,并且在颠簸路上如过减速带时发出较为清脆的响声,声音主要来自左前悬架处偏中间一些,如图3-3-23所示。

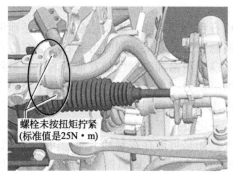 

图 3-3-23 平衡杆固定螺母

首先将车辆底盘螺栓紧固,尤其是悬架部分的螺栓,紧固后试车,响声仍然存在,润滑悬架侧控制臂及球头螺栓无效果,参考以往的 SOST 案例,更换左侧轴承外壳转向连接球头,试车故障依旧。

考虑异响来自转向过程中,而转向系统检查到位,且未能发现故障点,那么在经过较大坑洼路面时也会产生响声,说明此异响不仅仅与转向系统有关。

再次紧固底盘螺栓,发现左侧平衡杆处的内侧固定螺母虽已紧固但并没有到底,使固定盖在受力时与平衡杆的螺杆螺纹牙产生相对运动而产生"嘎嘎"的清脆异响。更换固定螺母,试车正常。

3.3.5 奥迪 Q7 车系

(1) 空气悬架无法调节

车型	Q7 4.2 L	故障频次	一直	行驶里程	45000km

故障诊断

① 用 VAS5051 测试,有空气压缩机温度传感器对地短路、水平高度信号不可靠、基本设定不正常这三个故障码。

② 读取温度传感器数据显示 20℃,正常。在用引导性故障查询进行基本设定时压缩机不工作,基本设定无法进行。

③ 将空气悬架控制单元断电 3min 后接通电源,读取故障码变为偶发故障,清除故障码。

④ 进行基本设定,压缩机工作,读取储气罐压力到达 10bar 后压缩机停止工作,基本设定显示无法继续进行。同时空气悬架控制单元中显示故障码:空气压缩机温度传感器对地短路;水平高度信号不可靠。读取数据流,显示压缩机温度为 120℃,看来是由于高温控制单元对压缩机进行断电保护。

⑤ 据此分析可能是空气压缩机温度传感器故障,找来同型号的压缩机温度传感器更换试验。更换后读取数据流,空气压缩机的温度从 120℃ 缓慢下降到 25℃,但是故障码还是清不掉。

⑥ 重复步骤③后进行元件测试,在执行压缩机接通的指令后,压缩机只工作了 1s 左右就停止了,此时读取压缩机温度传感器的数据发现温度在不断地上升,一直上升到 110℃,由于压缩机在这个时候并没有工作,因此判断该现象是由于信号受到干扰而使控制单元换算出错误的数值。

⑦ 重复执行元件测试,压缩机还是工作一下就停止,同时数据流显示压缩机继电器一

直在工作状态。

⑧ 将万用表并联入压缩机的线路，执行元件测试发现万用表上显示的电压一闪而过，说明问题出在继电器上，而不是压缩机。

故障排除

将继电器取下，拆开外壳发现触点已经严重烧蚀，更换继电器后重复步骤③，然后进行基本设定，故障排除。

相关提示

① 由于继电器触点烧蚀，因此对空气压缩机的供电处于时有时无状态。

② 烧蚀的触点在回路中产生时大时小的接触电阻和火花，造成继电器线圈产生瞬时电动势，由于继电器线圈受空气悬架控制单元直接控制，因此干扰了该单元对传感器信号的正确计算，以致报出根本不存在的故障码。

(2) 轮胎磨损严重

车型	Q7 3.6L	故障频次	一直
行驶里程	17127km	发动机型号	BHK

故障诊断

① 检查车辆底盘没有碰撞、变形部位。
② 根据故障现象，检测四轮定位，数据正常。
③ 将车轮进行换位调整气压，跟踪车辆，轮胎磨损程度更加严重，如图3-3-24所示。
④ 根据技术支持，决定更换托森差速器。

故障排除

更换托森差速器。继续跟踪此车，该车行驶到5000km时，两前轮胎磨损正常，两后轮胎磨损严重，未发现偏磨现象（轮胎气压正常），轮胎表面非常均匀地磨损至磨损限位标记处，如图3-3-25所示。

四轮定位检测发现后轮前束偏差过大，调整后定位数据恢复正常。更换四个新轮胎后行驶观察，行驶了5000km左右时，发现两后轮胎表面又非常均匀地磨损至磨损限位标记处，两前轮胎磨损正常，检测四轮定位数据正常，如图3-3-26所示。

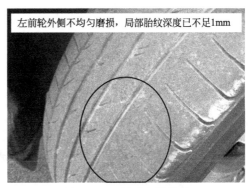

图3-3-24 轮胎磨损情况

试车并向用户了解相关使用情况，未发现操作不当的问题。通过对0AQ分动箱结构的学习和分析，判断可能是由于前、后轮驱动力分配比例超差过大，导致两后轮在行驶过程中存在打滑现象（相对于两前轮转速而言存在打滑趋势），造成两后轮胎过度磨损。检查分动器润滑油液面，正常；拆解分动器，发现摩擦片严重烧蚀（图3-3-27）。初步确定属于分动器质量问题，导致前、后轮驱动力分配超差，引起两后轮胎严重磨损。更换分动器、轮胎，调整四轮定位，试车跟踪观察，故障排除。

(3) 车身不水平，右侧高左侧低，水平悬架系统黄灯报警

车型	Q7	发动机型号	BAG	故障频次	静态
行驶里程	47000km	变速器型号	09D		

图 3-3-25 轮胎胎面（一）

 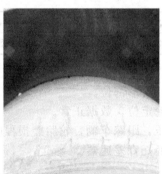 

图 3-3-26 轮胎胎面（二）

 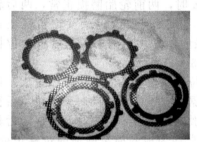

图 3-3-27 分动器摩擦片

故障诊断

① 检测 34 自适应型悬架装置，故障内容为车身高度默认位置未进行基本设定，一般这种故障根据导航测试计划重新匹配默认位置就可以恢复了，但此车在重新充放气第一个过程时，底盘不降低也不升起，功能操作便不能继续了。

② 怀疑车身水平高度传感器有故障导致匹配默认位置不能操作，观察数据块 4、5 组车辆高度绝对值与实际当前车身高度相符，说明车身水平高度传感器正常。

③ 怀疑调节压力电磁阀体故障，对其操作执行元件测试，可听到激活动作声音。

④ 拆下调节压力电磁阀体上连接四个气袋的管路接头时，两后轮均能排除多余气体，但两前轮不能排气，用气枪对四个气袋进行充气，同样两前轮减振器打不进去也放不出来。

⑤ 拆下减振器上的余压保持阀，发现内部卡住，根本不通气。

故障排除

更换两前轮减振器。

相关提示

由于余压保持阀配件不单独提供，故更换减振器总成。

（4）车辆拐弯时打方向比较沉重

车型	Q7 4.2L	发动机型号	BAR
行驶里程	70000km	故障频次	多次

故障诊断

车辆打方向比较重，分析有以下原因。

① 转向助力系统故障。

② 电控系统故障。

对于第一点，转向助力系统包括的部件有转向助力泵、转向机等，平时助力油的缺失是影响助力很重要的一个原因，另外助力泵的内部损坏、转向机损坏等也是影响助力的原因。

对于第二点，Q7采用的是液压助力转向系统，但是其转向机是带有随速助力转向系统的，也就是在转向机上安装有一个随速助力转向电磁阀，这个电磁阀是受供电控制单元2（J520）控制的。

根据以往的经验来分析判断，Q7的转向助力泵和转向机自然损坏的可能性很小，而此车的转向助力油液也在正常位置。用VAS5052检测4F舒适系统控制单元没有故障码，询问客户，再结合此车的实际情况得知此车因下大雨驾驶室内进过水。查询相关资料发现J520在副驾驶员侧座椅底部的地板上安装，拆检J520内部发现电路板上有水迹，判断为J520损坏造成的故障。

故障排除

更换J520。

第4章 车身电气部分

4.1 大众、奥迪 48V 供电网和 48V 轻度混动系统

4.1.1 大众、奥迪 48V 供电网

(1) 系统组成

奥迪车系 48V 供电技术在奥迪 SQ7 上就已经采用了,但是在 SQ7 上只是子供电网,带有 12V 发电机。这个 12V 发电机通过变压器(DC-DC) A7 来给 48V 蓄电池供电,48V 蓄电池再给特殊部件供应 48V 的直流电。随着 48V 供电网的引入,大众、奥迪车型技术资料中还出现了两个新的端子,即端子 40(48V 正极)和端子 41(48V 负极)。

奥迪 A8(车型 4N)是第一个装备有 48V 供电网的奥迪车型,使用了水冷式皮带驱动的启动发电两用机以及一个 48V 锂离子蓄电池。这个 48V 供电网同时也是 MHEV(Mild Hybrid Electric Vehicle,轻度混合动力电动车)技术的基础。这款奥迪车型也经常被称作 48V-MHEV。奥迪 A8 48V 供电网部件组成如图 4-1-1 所示。

图 4-1-1 奥迪 A8 48V 供电网部件组成

48V供电网的主要部件是皮带驱动的启动发电两用机和锂离子电池。这个皮带驱动的启动发电两用机作发电机用时，功能就是为48V供电网提供电能，作起动机用时，就是48V供电系统中的用电器了。变压器（DC-DC）A7是48V供电网和12V供电网之间的连接部件。

12V供电网中使用铅酸蓄电池来为所有12V用电器供电，这些用电器包括了全部控制单元以及12V小齿轮起动机。12V小齿轮起动机只在冷启动时启动发动机用，在其他时候的启动则由48V皮带驱动的启动发电两用机来完成。48V供电网电路简图如图4-1-2所示。

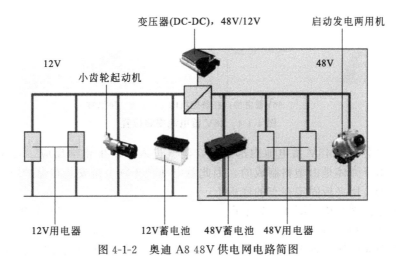

图4-1-2 奥迪A8 48V供电网电路简图

（2）启动发电两用机 C29

C29是48V皮带驱动的启动发电两用机。当作发电机时，它为48V蓄电池充电并给变压器（DC-DC）A7输送48V直流电。该两用机既可以作起动机用，也可以作电动机用，为发动机提供补充动力。启动发电两用机C29是水冷式的，配备有一个电动水泵。C29通过子总线（也常被称为专用CAN总线）来与发动机控制单元进行通信，通过脉冲宽度调制信号（PWM信号）来操控启动发电两用机水泵V621。启动发电两用机C29外观和水泵V621控制原理如图4-1-3所示。

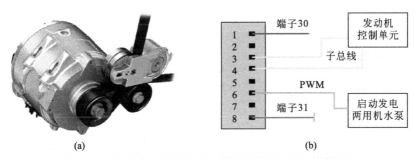

图4-1-3 启动发电两用机C29外观和水泵V621控制原理

启动发电两用机是通过多楔带与发动机相连的。启动发电两用机在发电机模式时是从动部件，在电动机模式时则是主动部件，因此对皮带张紧器的要求高。

（3）48V蓄电池（锂离子电池）A6

奥迪A8上的48V蓄电池安装在行李厢内中间位置（图4-1-4），它是锂离子电池，与铅酸蓄电池相比有能量密度更高、循环稳定性更好等优点。但这种蓄电池要防止蓄电池电子装置导致电池单体深度放电，因为这种深度放电会导致电池单体短路和蓄电池损坏。

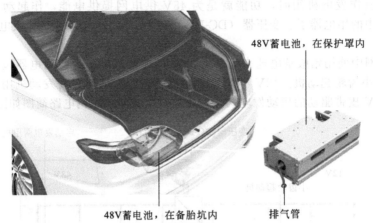

图 4-1-4　48V 蓄电池安装位置

机械损坏也会导致 48V 蓄电池内部短路，潮气进入会产生化学反应，因此要防止蓄电池壳体损坏。由于壳体是由塑料制成的，因此蓄电池在车辆上是安装在保护罩内的，保护罩是由金属制成的，用夹板固定在车的底板上。

48V 蓄电池内部结构如图 4-1-5 所示。48V 蓄电池由控制单元、13 个锂离子电池单体、继电器、熔丝和冷却风扇（因视图角度原因图 4-1-5 中无法看到冷却风扇）等组成。48V 蓄电池内的控制单元会测量各个电池单体的电压和温度，并把这些数据传送给数据总线诊断接口 J533。如果蓄电池温度超过了 28℃，那么控制单元会接通内部的冷却风扇。

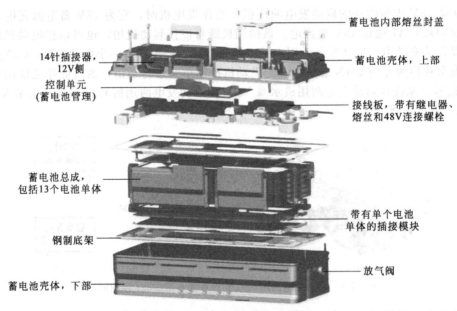

图 4-1-5　48V 蓄电池内部结构

48V 蓄电池控制单元上连接有安全气囊控制单元 J234 的信号线。在安全气囊被触发的情况下，48V 蓄电池中的继电器会断开，断开 48V 供电网的供电输出。

发动机运转时，直接由启动发电两用机给 48V 蓄电池充电。在使用外部的 12V 充电器进行充电时，48V 蓄电池通过变压器（DC-DC）A7 充电。充电器不可直接连接到 48V 蓄电池上。

(4) 变压器 (DC-DC) A7

变压器 (DC-DC) A7 是双线变压器：发电机发出的 48V 电压可以转换为 12V 电压给 12V 蓄电池充电；在满足特定前提条件时，可将 12V 转换成 48V 电压，例如把外部充电器经跨接启动点接到车辆上。变压器 (DC-DC) A7 安装在行李厢右后装饰板的后面，在 12V 蓄电池的上方，移开盖板可以看到，如图 4-1-6 所示，变压器 (DC-DC) A7 组成和外部接口如图 4-1-7 所示。

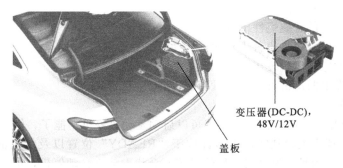

图 4-1-6 变压器 (DC-DC) A7 安装位置

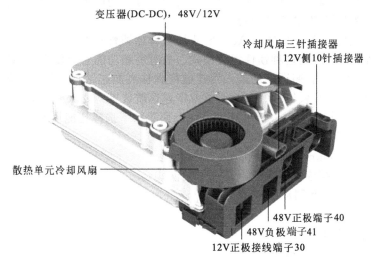

图 4-1-7 变压器 (DC-DC) A7 组成和外部接口

变压器 (DC-DC) A7 上端子 40 的导线连接插接器以及端子 41 和端子 30 螺纹销都有护盖保护。先脱开并掀开护盖，才能接触到这些连接。10 针插接器可防止护盖脱开（移动），只有先拔下变压器 (DC-DC) A7 上的插接器，护盖才会脱开，随后就可以掀开护盖并接触到这些连接了。

在维修 48V 供电网前需要先断开 48V 供电输出。系统中没有类似维修开关的装置。只能通过车辆诊断仪"故障导航"→"诊断断电"程序断开 48V 供电。在完成检修工作后，同样需借助车辆诊断仪中"故障导航"里的检查程序来使 48V 系统再次进入工作状态。

4.1.2 大众、奥迪 48V 轻度混动系统

MHEV 是 Mild Hybrid Electric Vehicle 的缩写，是"轻度混合动力电动车"的意思。这种车上通常多了一个蓄电池和一个小电机。因此，像增强型能量回收以及通过电机来辅助

发动机这样的功能就都能实现了。发动机负责车辆驱动和产生电能，MHEV 是无法纯电动行驶的。2018 年款全新奥迪 A8L 是一种 48V 的轻度混合动力电动车（MHEV），多了一个 48V 蓄电池，电机就是启动发电两用机。

48V 轻度混合动力电动车带来很多新功能，既提高了效率也提高了驾驶舒适性。这些新功能需要另外的操纵和显示。在奥迪 A8 上可实现下述功能。

① 车速低于 22km/h 也可实现发动机自动启停。
② 启动发电两用机可辅助发动机工作。
③ 更强的能量回收功能。
④ 发动机可关闭的智能惯性滑行。
⑤ 通过启动发电两用机改善了发动机启动时的舒适性。
⑥ 通过启动发电两用机改善了发动机关闭时的舒适性。
⑦ 通过启动发电两用机可使发动机随时再启动。

（1）自动启停

当车速低于 22km/h 时智能启停系统可以启动发动机停机功能了，例如在滑行到红灯处时，驾驶员在组合仪表上看到转速表指针位于"READY"位置以及绿色的自动启停符号。如果并非所有条件都满足，那么自动启停系统不会使发动机自动停机，例如发动机可能还在预热阶段、在高速公路上行驶时发动机机油温度可能过高了、空调系统阻止发动机自动停机等。在这种情况下，车辆停住时发动机会怠速运行，可看到白色的自动启停符号。

（2）智能惯性滑行/发动机关闭功能

搭载 48V 轻度混动系统的全新 A8L 车型具有智能惯性滑行/发动机关闭功能。在特定的有前瞻性的情形时，使用这种惯性滑行模式。只有前瞻功能才会要求使用滑行（发动机工作或者发动机不工作）。普遍适用的是：驾驶员将脚移离加速踏板，那么车辆必会进入减速状态，除非前瞻功能（高效辅助、车距调节或定速巡航装置）要求使用惯性滑行模式。可以在 MMI 上的"驾驶员辅助系统/高效辅助系统"菜单项下选择智能惯性滑行功能。

智能惯性滑行/发动机关闭功能应用的条件如下。

① 车速在 55~160km/h 范围内。
② 变速器处于 D 挡或经济模式（高效驾驶模式）。
③ 未踏下加速踏板和制动踏板。
④ 下坡坡度小于 4%。
⑤ 上坡坡度小于 3%。
⑥ 横向加速度小于 1.5m/s^2。

如果智能惯性滑行模式已激活且发动机已关闭，可从组合仪表上识别出这个状态。车速表指针在 55~160km/h 的范围内，转速表指针在"READY"位置处，绿色自动启停符号亮起。如果仅是激活了惯性滑行模式而发动机仍在工作着，那么车速表显示高于 0km/h，转速表显示怠速转速。

（3）更高的能量回收效率

能量回收是指利用车辆滑行时的动能来给蓄电池充电。由于轻度混合动力电动车有附加蓄电池，因此就比以前的车有更大的能量回收能力。全新奥迪 A8L 上配备有锂离子电池和 48V 启动发电两用机，使其能量回收能力高达 12kW。"滑行能量回收"在组合仪表上是以 50% 的显示出现的。"增强型能量回收"是高效辅助系统要求的，在组合仪表上是以 100% 的显示出现的。

（4）启动发电两用机对车辆部分工况的改善

① 改善起动机停止时的抖动。发动机停机时会有抖动现象发生，启动发电两用机有针

对性地对发动机实施制动,可明显改善发动机停机时的抖动。

② 随时可以启动发动机。作为起动机工作时,启动发电两用机为高电压起动机,转矩大,启动效果比 12V 小齿轮起动机更舒适。并且由于启动发电两用机是通过多楔带与发动机永久相连的,即使发动机没有完全停下来也可以再次启动。例如,自启停装置已经把发动机关闭了,但发动机并未完全停下来,此时车辆需要加速行驶,只需要踩下加速踏板,启动发电两用机便立刻重新启动发动机。

③ 在部分负荷范围内提高发动机转矩或功率。在发动机运转过程中,启动发电两用机可作为电动机来使用,在某些负荷范围时可以对发动机起辅助作用,降低了油耗。电动机模式时可输出额定功率约 6kW,最大转矩为 60N·m。

4.2 典型大众车系车身电气故障案例

4.2.1 迈腾车系

(1) 定速巡航无法设定

车型	迈腾 1.8TSI	行驶里程	1011km

故障现象

迈腾 1.8T 手动挡车辆达到巡航设定车速后,打开巡航开关,按压"SET"按钮,定速巡航无法设定。

故障诊断

① 迈腾巡航操作方法。迈腾巡航系统可在 20～210km/h 车速范围内使汽车以设定的车速恒速行驶。正确操作方法是沿图 4-2-1 所示箭头①的方向拉操纵杆,直至其啮合,即可打开车速巡航控制系统,当车速达到 20km/h 以上需要进行定速巡航时,立即按一下图中的按钮 A,即可将该车速保存在系统里,此时如果设定成功则组合仪表内的指示灯随即点亮。

② 该车故障现象为车速、开关状态等条件均满足的情况下,按压图中的按钮 A 后,组合仪表内的指示灯不亮,仪表显示区中无车速设定提示。

③ 分析巡航系统的工作原理。迈腾巡航系统工作原理如图 4-2-2 所示。

用 VAS5051 进入网关列表检查所有系统无故障码。

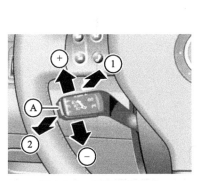

图 4-2-1 车速巡航开关

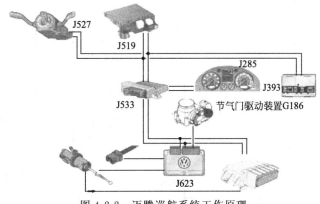

图 4-2-2 迈腾巡航系统工作原理

根据上述原理分析巡航系统不能设定可能的原因如下:巡航未被激活或控制单元故障;

控制单元 J623 或 J527 编码错误；制动开关或离合器开关故障；巡航开关故障；节气门体故障；加速踏板故障；转向柱控制单元 J527 故障；线路故障。

检查发动机控制单元 J623、J527 编码均正常。

检查 J527 数据流，16-08-004 的 2 和 3 区，操纵巡航开关分别有开关、激活、加速、恢复、减速各个信号，说明 J527 能够收到巡航开关的信号，证明巡航开关及到 J527 的线路无故障。检查发动机控制单元 J623 的离合器开关信号、制动开关信号、巡航开关信号，01-08-066 的巡航开关打开时，第 4 区是 10000001，第 2 区是 00001000，关闭时第 2 和第 4 区均为 00000000，第 2 区踩下离合器踏板和制动踏板是 00001111，松开是 00001000，对比正常车辆数据流变化情况，结果相同，判断制动开关、离合器开关、巡航开关均正常。

在 J540 中读取离合器开关数值（53-08-008-01），与正常车辆对比无异常。

在 J519 中读取离合器开关数值（09-08-15-03），能够正常显示开/关，与正常车辆对比无异常。

检查节气门和加速踏板数据块变化均正常，清洗并匹配了节气门试车，故障依旧。

所有数据均正常巡航不工作，按经验更换巡航开关试车，无效。

经检查，巡航所需要的全部开关信号均正常，各个控制模块之间通过总线传递信号，在 J623 中可以读取到经过 J527 传递过来的巡航开关信号，说明总线系统无异常。

此时推断如下：各个控制单元收到开关的正常信号，执行器也可以正常执行信号，有某一条件不满足导致控制单元禁止车辆进入巡航状态。检查全车熔丝正常，清理了所有搭铁线试车还是无效。此时怀疑是某一控制模块干扰，更换了 J533、J527、J519 等控制模块试车，故障依旧。

重新对系统及可能故障点进行分析，发现主要传感器和执行器到模块的线路没有进行测量，重新对线路进行测量。检查发现离合器开关的 T5j/2 到 J623 的 T94ya/43 断路，如图 4-2-3 所示，修理该线路后故障解决。

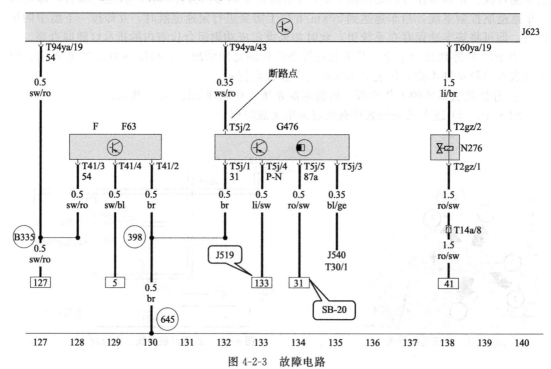

图 4-2-3　故障电路

第 4 章 车身电气部分

故障原因

离合器开关 G476 信号对于发动机系统、EPB 系统等都很重要，所以 G476 信号分别传送到 J623、J519 和 J540，G476 到发动机控制单元的线路出现断路时，发动机控制单元通过 CAN 总线从 J540 和 J519 获得离合器开关的替代信号，从数据流中可以看到 G476 的开关信号，但是巡航系统无法设定。

专用工具/设备

VAS5051。

相关提示

① 离合器开关 G476 的构造与原理如图 4-2-4 所示。

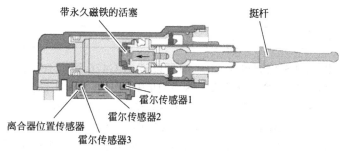

图 4-2-4　G476 的构造与原理

霍尔传感器 1 是一个数字式传感器，它将电压信号发送到发动机控制单元。控制单元根据这个信号关闭定速巡航装置。

霍尔传感器 2 是一个模拟传感器，它将一个脉冲宽度调制信号（PWM 信号）发送到电控机械式驻车制动器控制单元上。这样就可以准确识别离合器踏板位置，并且在动态启动时，控制单元可以计算出什么时候打开驻车制动器为最佳。

霍尔传感器 3 是一个数字式传感器，它将电压信号发送到车载电网控制单元上。控制单元识别是否已经操作了离合器，只有在已经操作离合器的情况下，发动机才可能启动（互锁功能）。

正常情况下测量离合器开关的端子 2、3、4（图 4-2-5），数据流见表 4-2-1，分别断开 G476 的端子 2、3、4 后数据流见表 4-2-2。

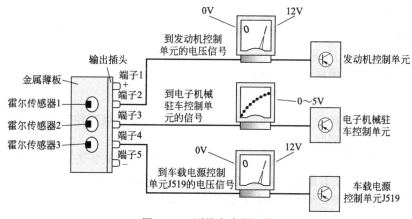

图 4-2-5　测量离合器开关

表 4-2-1　数据流（一）

项目	01-08-66-02	09-08-15-03	03-08-03-01
不踩离合器	00000000	关	00
踩下 1/3	00000100	关	10
踩下 2/3	00000100	开	11

表 4-2-2　数据流（二）

项目	01-08-66-02	09-08-15-03	03-08-03-01
不踩离合器	00000000	关	00
到 J540 断路踩下离合器	00000100	开	11
到 J623 断路踩下离合器	00000100	开	01
到 J519 断路踩下离合器	00000100	关	10

从上述试验得出，ABS 控制单元 J104 中可以读出 G476 到 J540、J623、J519 的线路通断状态，J104 从 J623 中得出第 1 状态位，从 J519 中得出第 2 状态位。

② 用 VAS5051 检测仪读取 J104 中数据流，03-08-03-01 显示为制动灯开关 F（图 4-2-6），此处显示错误，应为离合器开关。由于此处翻译错误，导致维修时无法采用该数据流，使维修走了弯路。

3　1 制动灯开关-F-
3　2 制动系统警告灯-K118-
3　3 ABS 警告灯-K47-
3　4 ABR/ESP 控制灯-K155-

图 4-2-6　读取数据

（2）安全气囊灯点亮，左/右碰撞传感器故障

车型	迈腾

故障现象

安全气囊灯点亮。安全气囊控制单元存储有故障码 01221（驾驶员侧侧面安全气囊碰撞传感器 G179）、01222（副驾驶员侧侧面安全气囊碰撞传感器 G180）。

故障诊断

① 用 VAS5051 清除故障码。开始只能清除故障码 01221；断开蓄电池接线后重新接上，清除故障码 01222。

② 直线行驶 3~4km 后，仪表上安全气囊灯重新点亮，故障存储器存储 01221 和 01222 故障码。

③ 将碰撞传感器直接跨接至控制单元，故障未解决。

④ 更换安全气囊控制单元和驾驶员侧侧面安全气囊碰撞传感器（因为当时库存只有一个碰撞传感器，左/右零件编码一样），故障未解决。

⑤ 更换副驾驶员侧侧面安全气囊碰撞传感器，故障排除。

故障原因

① 根据故障诊断过程①~④步和图 4-2-7 分析，可排除线束和控制单元故障。

② 两个碰撞传感器同时出现故障的概率很小。

③ 驾驶员侧侧面安全气囊碰撞传感器与副驾驶员侧侧面安全气囊碰撞传感器间的关系是相互检测。即如果发生右侧碰撞，驾驶员侧侧面安全气囊碰撞传感器与副驾驶员侧侧面安全气囊碰撞传感器同时得到从右向左的碰撞信号。如果只有一个碰撞传感器有碰撞信号，但另一侧没有信号（例如副驾驶员侧侧面安全气囊碰撞传感器检测到发生碰撞，但左侧没有检测到碰撞），安全气囊控制单元就不能判断哪个传感器有故障，因此只能同时报错。此时故

障码应理解为"信号不可靠"。

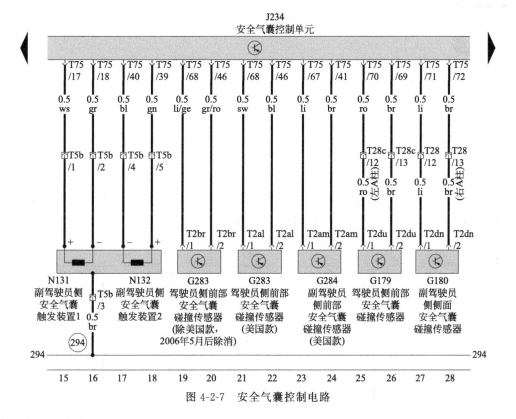

图 4-2-7 安全气囊控制电路

> **专用工具/设备**

VAS505X。

> **相关提示**

① 驾驶员侧侧面安全气囊碰撞传感器发生故障的概率较高。驾驶员侧侧面安全气囊碰撞传感器与副驾驶员侧侧面安全气囊碰撞传感器零件是一样的（图 4-2-8）。

② 要对各系统原理进行深入的了解和分析。

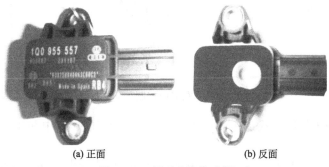

(a) 正面　　　　(b) 反面

图 4-2-8 侧面碰撞传感器

(3) 左前门防盗指示灯不亮

车型	B7L 2.0T	行驶里程	335km

> **故障现象**

全新迈腾左前门内衬上的防盗指示灯锁车后不亮。

> **故障诊断**

① 该车锁上后，左前门防盗指示灯应激活闪烁，但该车一直没有反应，根据电路图分析有以下几个原因（图 4-2-9）。

  a. 指示灯损坏。

  b. 左前门控制单元至指示灯线路故障。

  c. 左前门控制单元故障。

  d. 舒适系统控制单元故障。

  e. 编码故障。

由于该车刚行驶 300 多公里，暂时先不拆门内衬检查线路，用元件测试等一些功能先排除一部分可能原因，避免造成误拆影响客户满意度。

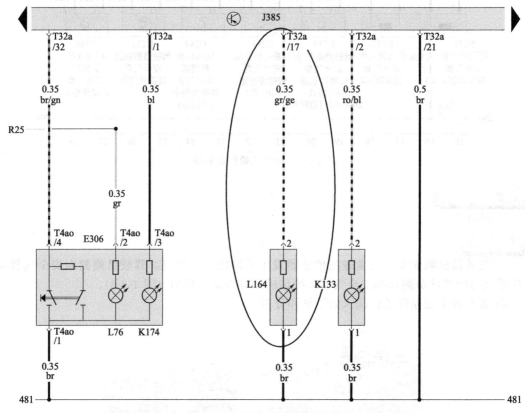

图 4-2-9　左前门控制单元电路

② 为了排除编码问题，找了一辆相同配置的商品车对照 46 中和 42 中的编码一致，排除编码问题。

③ 将左前门内衬板打开，发现防盗指示灯 K133 插头没装，重新安装后试车正常，如图 4-2-10 所示。

> **专用工具/设备**

VAS5052A、3409、T10383N。

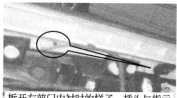

指示灯插头未连接

拆开左前门内衬时的样子，插头与指示灯分开了，重新安装后故障排除

图 4-2-10　防盗指示灯 K133 插头

相关提示

在日常维修中会遇到各种故障，要根据电路图制定合理的检修方案。

4.2.2　速腾车系

（1）开空调吹热风

| 车型 | 速腾 | 行驶里程 | 20386km |

故障现象

速腾 1.4T 手动挡空调间歇性不制冷，有时出风口吹出的是热风。

故障诊断

① 试车半个小时确认故障现象，确实不制冷，反而有时吹热风。

② 读取故障码，如图 4-2-11 所示。

SAE代	文本	状态
B109411	左侧温度风门位置控制马达位置传感器对地短路	被动/偶发
B109511	右侧温度风门位置控制马达位置传感器对地短路	被动/偶发
B109811	除霜风门马达电位计对地短路	被动/偶发
B108B71	新鲜空气，再循环，风门伺服马达促动器卡滞	被动/偶发
B108715	左侧出风口温度传感器断路/对正极短路	被动/偶发
B108815	右侧出风口温度传感器断路/对正极短路	被动/偶发
B10AD16	基准电压电压过低	被动/偶发

图 4-2-11　读取故障码

在故障再出现时发现空调系统本身是制冷的，然而空调吹出的风是热的。把问题锁定在空调面板的控制上来。分析这些故障码并没有什么共性。此车之前更换过空调控制面板。查询前后故障码一样。说明空调控制面板没有问题。

③ 客户反映有时调整空调时导航界面乱闪，怀疑是导航协议不同引起的故障。之前有一辆车因外加导航引起 ABS 灯亮，所以怀疑导航问题。更换原厂 CD 也没有排除故障。重新整理一下思路，读取所有故障码的环境条件，如图 4-2-12 所示。

④ 分析得知，基准电压过低，254 次；其他故障码才几次。说明供电异常。

⑤ 读取电路图，如图 4-2-13 所示。

空调控制单元仅由一个 SC20 熔丝提供 30 电。重点排查供电及搭铁。在检查时发现 SC20 熔丝插脚有些大，并且有个烧黑的小黑点。处理熔丝底座，故障暂时不出现。

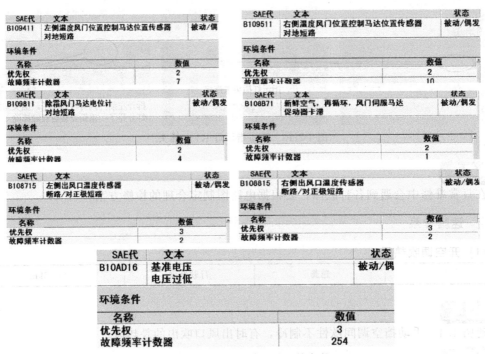

图 4-2-12 读取故障码的环境条件

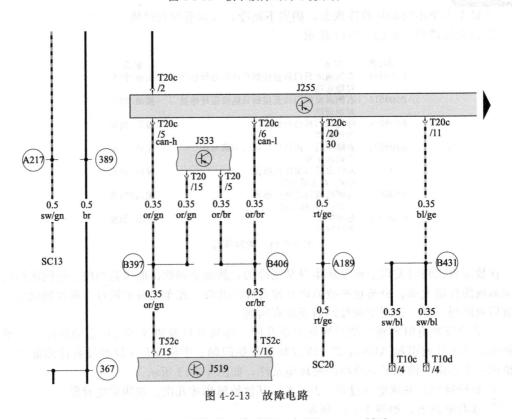

图 4-2-13 故障电路

⑥ 10 天后空调又吹热风了，顺线束查传感器，如图 4-2-14 所示。

⑦ 检查过程中发现空调线束与工作台骨架摩擦造成线束搭铁，如图 4-2-15 所示。

图 4-2-14 车载线束及传感器

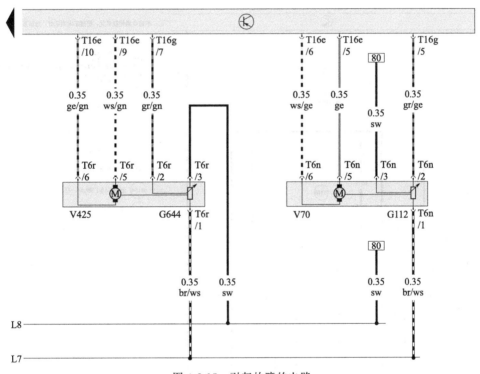

图 4-2-15 引起故障的电路

专用工具/设备

VAS5052A、蓄电池检测仪 T20。

相关提示

黑色线为传感器供电线,供电线搭铁导致空调不制冷。故障码中并没有中央伺服电机电位计 G112（供电线为黑色线）的故障码,因为电位计共用供电及搭铁。现实中客户要求快速且不大拆大卸给修理带来了很多麻烦。维修人员思路不清晰且顺线束费时造成维修不彻底。

（2）室内顶灯常亮

车型	速腾	行驶里程	7583km

> **故障现象**

室内顶灯有时常亮。

> **故障诊断**

① 首先用 VAS5051 检查（J519 车载电网控制单元）09-02 无故障码，然后进入（舒适系统）46-08-01 看 1～4 区检查四个车门门锁开关无问题。

② 检查中发现，行李厢行李灯进水导致线路短路，修复后室内顶灯还是常亮。

③ 查看电路图并检查触发信号线及 K/10 线未见异常，经更换 J519 车载电网控制单元后，故障消除，交车给用户，使用几天后再次出现室内顶灯常亮问题。

④ 再次用 VAS5051 检查 J519，无故障码，初步怀疑线束存在问题，经检查发现顶灯线束由于驾驶员侧遮阳板固定螺栓安装不良导致线束短路，将线束分开并经绝缘包裹处理后试车，故障排除，如图 4-2-16 所示。

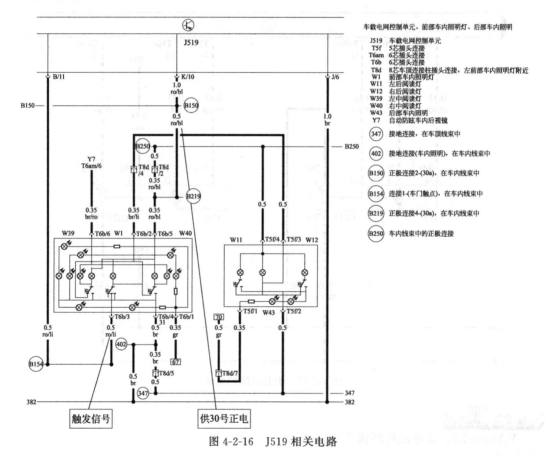

图 4-2-16　J519 相关电路

> **专用工具/设备**

VAS5051、万用表。

4.2.3　CC 车系

(1) 倒车影像无显示

车型	CC	行驶里程	23412km

故障现象

拆卸蓄电池后，挂 R 挡，DVD 只显示停车辅助图像，无法显示倒车影像。

故障诊断

① 用 VAS5052A 查询 6C-倒车影像系统控制单元内故障储存，有一个故障码（图 4-2-17）且无法清除。

② 用故障导航读取 6C-倒车影像系统数据流，挂入倒挡后，后视摄像机状态显示 3；对比正常车辆，挂入倒挡后，此值为 4，如图 4-2-18 所示。此组数据意义：0 表示切断；1 表示 CAN 激活；2 表示初始化；3 表示系统停用；4 表示系统启用；5 表示系统停止。

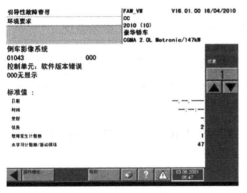
图 4-2-17　查询故障码

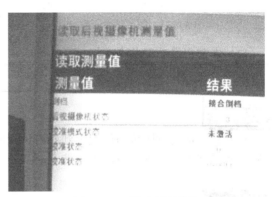
图 4-2-18　读取测量数值

③ 根据故障导航，该车提示控制单元软件版本错误，检测该车倒车影像系统的软件版本及编码，如图 4-2-19 所示。和其他同配置的车辆比较，均无异常。

④ 观察 DVD 上显示的驻车辅助图像，发现图像中的车型不是 CC 车型而是速腾车型，如图 4-2-20 所示。

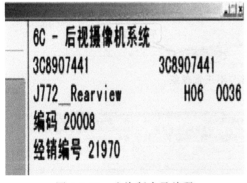
图 4-2-19　查询版本及编码

图 4-2-20　倒车显示错误

⑤ 分析还是编码错误导致此故障。进入 19-数据总线诊断接口，依次选择 007 编码→6C 后视摄像机→VW→其他→左侧驾驶车辆→4 门→在车辆系统中执行编码→完成，此时可视驻车系统中显示的汽车模型为 CC 轿车，同时屏幕右下角出现 RVC 按钮，如图 4-2-21 所示，点击此按钮，可转换到后视影像，后视影像显示正常。

故障原因

6C-倒车影像系统未激活，导致倒车影像无法显示。

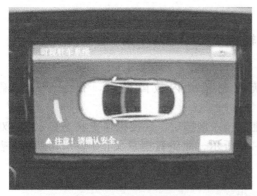

图 4-2-21 倒车显示正常

> **故障排除**
>
> 通过重新编码激活该功能后倒车影像系统可正常使用。

> **专用工具/设备**
>
> VAS5052A。

> **相关提示**
>
> 蓄电池断电后,偶尔会导致倒车影像系统不能激活,同时 VAS5052A 提示故障码为 01043 控制单元软件版本错误,此时应通过重新执行编码操作激活倒车影像系统。

(2) 右前门微动开关卡滞

车型	CC	行驶里程	568km

> **故障现象**

在开启右前门时刚拉动门把手到开启位置时,车门玻璃不下降,要将车门打开,玻璃才下降,此时玻璃与门框胶条产生干涉。

> **故障诊断**

① 在开启车门时只有右前门有干涉,按遥控器开门按钮,开启车门时,车窗能够正常下降,如图 4-2-22 所示。

 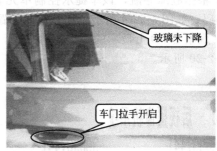

图 4-2-22 车门、车窗正常与不正常现象

② 使用 VAS5052 对控制单元进行检查无故障存储(图 4-2-23)。查询维修手册,通过对电路图进行分析得出,车窗下降微动开关为常开开关,当未操作车门拉手时处于断路状态无信号输出,当操作车门把手时车窗玻璃下降,微动开关闭合,将信号传递给车门控制单元,由车门控制单元控制车窗电机工作来完成玻璃下降。故障点应在右前门,参考维修手册对右前门进行拆检。

③ 为检验拆装调整后车窗玻璃是否安装到位,在拆卸前应对玻璃及门框胶条等处做出标记,如图 4-2-24 所示。

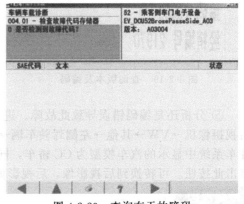

图 4-2-23 查询有无故障码

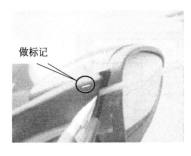 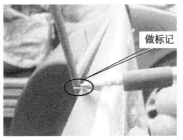 

图 4-2-24　在相关位置做好标记

④ 参照维修手册将门内饰板拆下，通过安装孔观察车门把手开启与关闭情况时发现，无论开启或关闭车门，车门弓形支架上微动开关触点始终保持静止状态，如图 4-2-25 所示。

 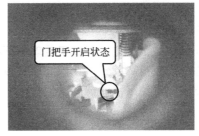

图 4-2-25　观察车门把手的状态

⑤ 确定故障点在车门微动开关触点，将车门锁连同弓形支架一起从车门上拆下。对弓形支架和微动开关进行检查（将车门把手安装到弓形支架上模拟车门开启），经过仔细观察发现微动开关由于装配原因导致卡滞无法伸缩，于是对微动开关进行调整，调整后反复按压触点都能够正常伸缩。将恢复后的车门微动开关连同车门锁与弓形支架等零件装车试验，故障排除（图 4-2-26）。经过反复操作试验无故障后将车交由客户使用，后期对本车使用情况进行跟踪，至今未出现类似故障。

注意

整个作业过程由两位维修人员共同完成，维修完成后应将车辆开至洗车区进行冲水试验，检查车辆密封性。

故障原因

由于车窗下降微动开关卡滞不能闭合，导致操作车门把手时车窗微动开关无法接通，未能向车门控制单元发送车门开启信号，车门控制单元默认为未操作车门把手，也就未向车窗升降电机发出玻璃下降指令。

图 4-2-26　车门、车窗的调整

专用工具/设备

诊断仪 VAS505X、维修手册、转矩扳手 VAG1331、套筒 3410、拆卸楔 3409、压紧辊 3356。

相关提示

虽然此问题不是很严重，但由于玻璃不下降会导致用户无法正常打开车门。另外，在开车门时要小心，以免损坏胶条。在拆卸门内板时注意卡扣不要损坏，在装配时要调整好玻璃的高度及宽度，避免漏水的情况发生。

4.2.4　宝来车系

(1) 雨刮在运行时抖动、刮水不彻底并有异响

车型	宝来	行驶里程	15021km

故障诊断

① 检查雨刮片是否正常，如磨损严重会造成上述故障现象。

② 检查是否采用了符合要求的专用风窗清洗液。

③ 拆下雨刮片，检查雨刮臂钩头与风窗玻璃接触面是否存在夹角，正常情况下不应存在夹角，如图 4-2-27 所示。

故障原因

① 雨刮片损坏。

② 雨刮臂钩头与风窗玻璃接触面有夹角，造成雨刮片工作时不能与风窗玻璃正确接触。

故障排除

使用专用工具 3358B 测量、调整消除夹角，保证雨刮臂钩头与风窗玻璃接触面无夹角（规定值即工具 3358B 指针所指中心位置）。

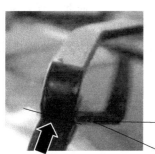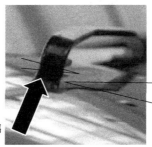

图 4-2-27　正常与不正常雨刮臂对比

专用工具/设备

3358B、SW24 开口扳手。

相关提示

① 经销商在给用户更换雨刮片或拆装雨刮臂时，应保证雨刮臂钩头与风窗玻璃接触面无夹角。

② 建议用户保证风窗玻璃清洁，寒区注意防冻，以防大阻力造成雨刮臂钩头变形。

③ 采用符合要求的专用风窗清洗液能清除风窗玻璃脏物，可防止雨刷片过早损坏。

（2）无法使用遥控器开启行李厢盖

车型	新宝来	行驶里程	24758km

故障诊断

新宝来行李厢盖开启逻辑图如图 4-2-28 所示。

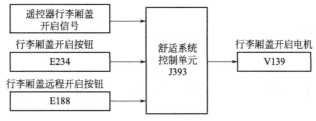

图 4-2-28　新宝来行李厢盖开启逻辑图

新宝来可以采用三种方式开启行李厢盖：使用遥控器行李厢盖开启按钮；使用行李厢盖开启按钮 E234；使用行李厢盖远程开启按钮 E188。

由逻辑图（图 4-2-28）分析可知，导致遥控器无法开启行李厢盖的原因有：遥控器信号传输通路故障；遥控器行李厢盖开启按钮故障；行李厢盖开启电机 V139 电路故障；舒适系统控制单元 J393 故障或编码错误。

根据以上分析进行相关检查。

① 使用遥控器的"上锁"和"解锁"键操控中央门锁系统。上锁与解锁功能正常，表明遥控器信号传输没有问题，能够被舒适系统控制单元 J393 正常接收。

② 使用行李厢盖开启按钮 E234 和行李厢盖远程开启按钮 E188 都能正常开启行李厢盖。由此可以验证行李厢盖开启电机 V139 及其相关电路正常。

③ 通过步骤①、②的检查，可以排除行李厢盖开启电机 V139 及其线路，故障点可能在遥控器本身和舒适系统控制单元 J393。使用 VAS5052A 重新匹配遥控器，故障依旧。

④ 拆卸遥控器检查，其零件号为 1K0 959 753L ［图 4-2-29(a)］，而此车遥控器零件号应为 1J0 959 753 DJ ［图 4-2-29(b)］。将适用于原车遥控器 1J0 959 753 DJ 重新匹配后，遥控器行李厢盖开启按钮、"上锁"按钮和"解锁"按钮能正常开启行李厢盖，故障排除。

(a) 速腾1K0 959 753 L

(b) 新宝来1J0 959 753 DJ

(c) 左为速腾右为新宝来

图 4-2-29　速腾和新宝来遥控器

故障原因

遥控器 1K0 959 753L 与遥控器 1J0 959 753 DJ 的外观一致［图 4-2-29(c)］，如果不仔细从零件号区分无法识别。两个遥控器都可以在新宝来车上匹配，"上锁"和"解锁"功能都正常工作，只有行李厢盖开启按钮失效。遥控器零件号 1K0 959 753 L 适用于速腾车，遥控器零件号 1J0 959 753 DJ 适用于新宝来车。

故障排除

更换遥控器并重新匹配。

专用工具/设备

VAS5052A。

相关提示

① 要对系统功能进行全面了解，从系统的相关性进行故障的快速检查和排除。同时要全面了解客户使用信息和维修历史。

② 在更换备件时，一定要更换适用于该车的备件或能替换的备件，不可随意匹配备件。

③ 在更换备件后，维修技师和质检员一定要全面检查备件所包含的所有功能是否完全正常。

(3) 防盗系统匹配问题

车型	新宝来	行驶里程	4838km

故障现象

车主不慎丢失一把钥匙，为了防止被盗要求更换全车锁。

故障排除

① 按照车辆的 VIN 码从备件部订货，通过北京 VGC 总部确认回来的钥匙已经过刷新写码。

② 按照维修手册拆装全车锁（注意点火开关下 S 线插头容易松动，会造成点火线圈无法识别）。

③ 选择 VAS5052 或 VAS5052A（软件版本为 14.00 版本以上）的引导性功能开始匹配。

a. 车型选择如图 4-2-30 所示。

b. 车型识别如图 4-2-31 所示。

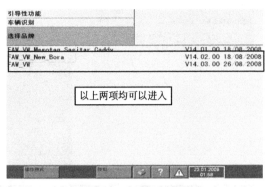

图 4-2-30　车型选择

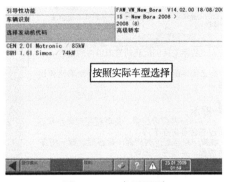

图 4-2-31　车型识别

c. 车辆系统及功能选择如图 4-2-32 所示。

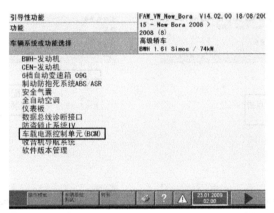

图 4-2-32　车辆系统及功能选择

d. 匹配功能选择如图 4-2-33 所示。

e. 匹配选择如图 4-2-34 所示。

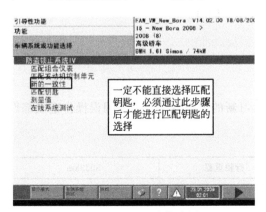

图 4-2-33　匹配功能选择　　　　　　图 4-2-34　匹配选择

f. 使用控制单元功能引导如图 4-2-35 所示。

g. 匹配钥匙如图 4-2-36 所示。

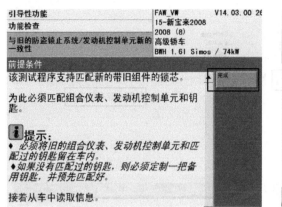 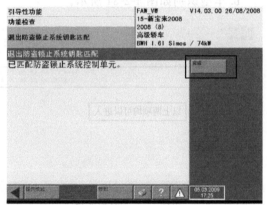

图 4-2-35　控制单元功能引导

h. 匹配发动机控制单元如图 4-2-37 所示。

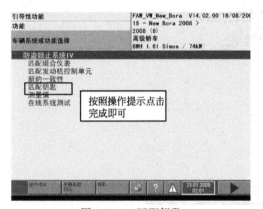 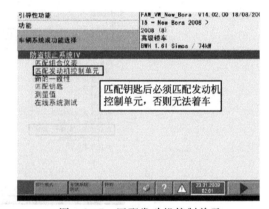

图 4-2-36　匹配钥匙　　　　　　　图 4-2-37　匹配发动机控制单元

整个维修过程完成。

如果单独更换发动机控制单元或仪表，在匹配步骤 d. 选择匹配相对应的部件，匹配完成后，回到此步继续完成匹配。同时注意步骤 e. 选择 2 即可。

专用工具/设备

VAS5052 或 VAS5052A。

相关提示

注意新宝来第四代防盗器的结构特点，及时学习新的操作方法，防止因误操作造成部件损坏。

（4）定速巡航无法开启

车型	新宝来	行驶里程	5039km

故障诊断

① 进入 BCM，检查巡航开关信号，正常，BCM 编码也正常，如图 4-2-38 所示。

② 考虑到信号要传给发动机控制单元，进入发动机控制单元发现此车编码为 1，而正常车的是 31，如图 4-2-39 所示。

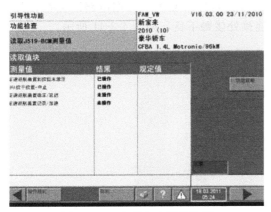
图 4-2-38 查看定速巡航数据

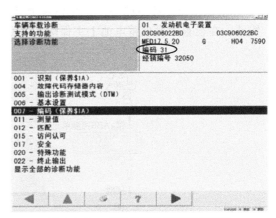
图 4-2-39 查看发动机控制单元编码

> **故障原因**

发动机控制单元错误的编码导致发动机控制单元未执行定速巡航程序。

> **故障排除**

对发动机控制单元重新编码。

> **专用工具/设备**

VAS5052。

(5) ABS/ESP 灯偶尔闪烁

车型	新宝来	行驶里程	1890km

> **故障现象**

车辆正常行驶时，ABS/ESP 故障灯偶尔闪烁。关闭点火开关，重新启动车辆各项显示均正常，如图 4-2-40 所示。

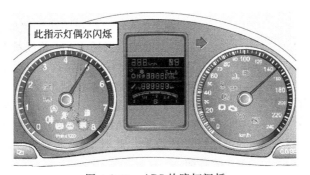
图 4-2-40 ABS 故障灯闪烁

> **故障诊断**

① 用 VAS5052 进行检测。
a. 发动机故障码为 18057（动力 CAN，丢失来自 ABS 控制单元的信号偶发）。
b. ABS 故障码为 01316（ABS 控制单元：无信号/通信偶发）。
c. 组合仪表故障码为 U111100（由于信号缺失而造成功能受限被动/偶发）。
d. 气囊故障码为 U012100（与以下系统失去通信防抱死系统 ABS 控制单元被动/偶发）。

② 根据以上故障码分析，ABS控制系统线路故障的可能性较大。根据电路图检查有关线路，在检查中发现蓄电池上主保险的SA5熔丝连接处接触不良，如图4-2-41所示。

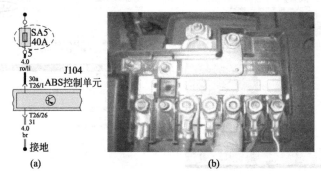

图 4-2-41　ABS控制单元

故障原因

SA5熔丝是提供给ABS的控制单元主电源，其接触不良导致ABS系统有时供电不足或断电，因此ABS系统无法正常工作。

故障排除

按规定转矩拧紧SA5熔丝的固定螺栓。

专用工具/设备

VAS5052。

相关提示

① CAN采用广播通信的数据传输方式（图4-2-42），即CAN上的每个节点（控制单元）均发送/接收数据，并对接收的数据进行校验；CAN上的节点也会向其他控制单元发出数据请求信号，当发出数据请求得不到应答时，就会出现类似于"与××控制单元失去通信"的故障码。因此，几个控制单元同时指向某个控制单元有故障时，很可能是此控制单元有故障（包括电源及接地线）。

② 有关CAN记忆故障码的说明。

a. 动力CAN/舒适CAN总线故障：若因为本控制单元发现CAN总线有故障导致无法发送信息，本控制单元就会将故障码存储在本控制单元中，如图4-2-43所示。

例如，ABS故障码为01316（ABS控制单元：无信号/通信），表示ABS控制单元检测自己不能向动力CAN总线发送数据，此时ABS控制单元就存储了01316这个故障码。

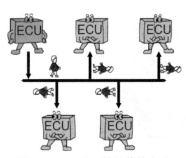

图 4-2-42　CAN数据传输方式

b. 数据总线硬件故障：与故障信息"动力CAN/舒适CAN总线故障"意义相同。

c. 与控制单元××无通信：若本控制单元发现无法从××控制单元接收到信息，本控制单元就会存储此故障码，如图4-2-44所示。

例如，发动机故障码为18057（动力CAN，丢失来自ABS控制单元的信号），表示发动机控制单元偶尔不能接收到ABS控制单元发出的信息，经过向ABS控制单元发送请求信息后，仍不能正常地应答，此时发动机控制单元就存储了18057这个故障码。

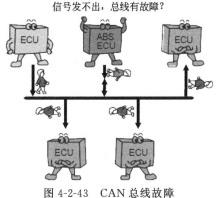
图 4-2-43　CAN 总线故障

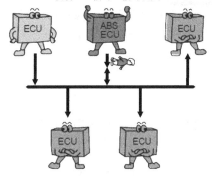
图 4-2-44　CAN 总线某路信号缺失

d. 丢失来自控制单元××的信息：与故障信息"与控制单元××无通信"意义相同。

e. 来自控制单元××的不合理信息：若本控制单元发现无法从控制单元××收到正确的信息，本控制单元存储此故障（如发送控制单元软件版本错误），如图 4-2-45 所示。

例如，发动机故障码为 29087（ABS 控制单元有不合理的信息），表示发动机控制单元接收到 ABS 的不合理信息，发动机控制单元经多次向 ABS 控制单元质询后，发动机控制单元经校验后仍判断该信息不合理，此时发动机控制单元就存储了 29087 这个故障码。

f. 控制单元××检查故障记忆：若控制单元××发送信息时，识别自身有故障，就会存储故障码，并向总线发出控制单元××有故障的信息。本控制单元（接收方），接收到控制单元××有故障的信息后，必须跳至替换功能（如惯性运行），但由于丢失控制单元××的信息，将"控制单元××有故障码"的故障存储，如图 4-2-46 所示。

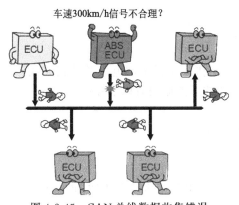
图 4-2-45　CAN 总线数据收集错误

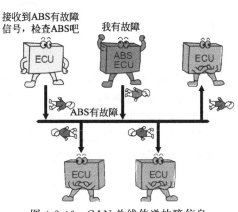
图 4-2-46　CAN 总线传递故障信息

例如，发动机故障码为 53286（变速器控制单元，检查故障记忆），表示变速器控制单元有故障后向动力 CAN 发出"变速器控制单元有故障码"的信息。发动机控制单元接收到此信息后，由于没有换挡/挡位/油温等信息，只能按故障保护状态运行。但此时变速器控制单元的故障导致发动机控制单元工作不正常，因此发动机控制单元就存储了 53286 这个故障码。

(6) 雨刮开关位于间隙挡时雨刮不工作

| 车型 | 新宝来 1.6L | 行驶里程 | 2500km |

故障诊断

① 连接 VAS5052A，检查网关列表无故障码存储。
② 电路如图 4-2-47 所示。

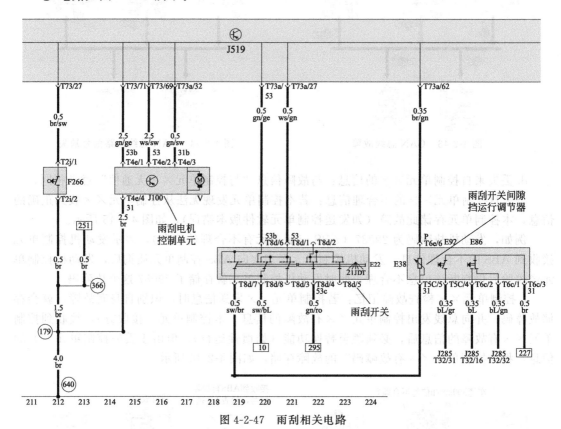

图 4-2-47 雨刮相关电路

③ 因雨刮仅间歇挡不工作，其他挡位均可正常工作，说明雨刮电机及其相关线路可正常工作，根据上面的电路图，分析雨刮间歇挡不工作的可能原因有以下几点。
  a. 雨刮开关 E22 间歇挡触点损坏。
  b. 雨刮开关 E22 到间歇挡调节器 E38 的线路有故障。
  c. 间歇挡调节器 E38 到 J519 的线路有故障。
  d. J519 故障。

④ 用万用表检测 E22 间歇挡触点接触情况、E22 到 E38 的线路、E38 到 J519 的线路，均未发现故障。

⑤ 怀疑 J519 故障，更换 J519 试车，故障依旧。

⑥ 雨刮打到间歇挡，用 VAS5052A 读取数据流，如图 4-2-48 所示。

由数据流可知，J519 接收到了间歇挡信号，证明 E22、E38、J519 及相关线路均正常，与万用表测量的结果相同。再次进行分析，从上述检查结果得知雨刮系统的开

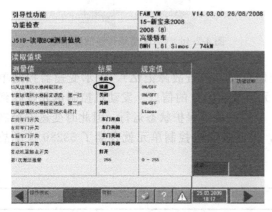

图 4-2-48 读取雨刮相关数据

关、线路、控制器及执行器均正常，怀疑其他系统的原因导致间歇挡无法正常工作。速腾车曾经发生过发动机舱盖触点开关打开时，雨刮各个挡位均无法正常工作的情况。重新检查发动机舱盖触点开关状态，发现在发动机舱盖上锁后，J519数据流里面发动机舱盖触点开关状态为"打开"，而正常车辆的在该状态下触点开关为"关闭"，如图4-2-49和图4-2-50所示。

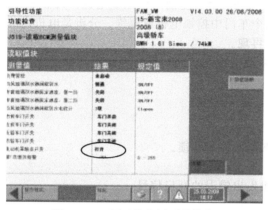

图 4-2-49　不正常车辆雨刮状态

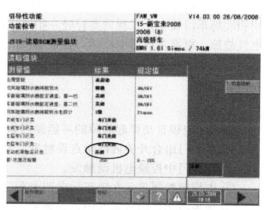

图 4-2-50　正常车辆雨刮状态

⑦ 重新调整发动机舱盖开关后，雨刮间歇挡工作正常，如图4-2-51所示。

故障原因

为了保护发动机舱盖免受损坏，速腾车发动机舱盖打开状态时，雨刮系统各挡位均不能工作。新宝来也有类似的设计，但是不同点在于发动机舱盖打开时，雨刮系统只有间歇挡位不工作。

故障排除

调整发动机舱盖开关。

专用工具/设备

VAS5052A。

图 4-2-51　雨刮间歇挡正常

相关提示

不同车型的同一系统控制逻辑有相似的地方，新宝来和速腾在发动机舱盖和雨刮系统上的控制逻辑便很相似。这在各车型的车主手册中有较明确的说明，对于某些系统的控制逻辑车主手册的一些重要信息，需要维修人员掌握。

4.2.5　捷达车系

（1）中控锁自动弹起

车型	新捷达1.6L手动	行驶里程	3000km

故障现象

在遥控或钥匙锁车后，四门中控锁会解锁，故障发生频次较多。

故障诊断

① 首先确认用户描述的故障现象，确实存在此问题，经检查该车没有加装其他电气设备。

② 进入 46-舒适系统没有故障码。

③ 关闭遥控功能，故障仍然会出现。

④ 拉动左前门拉手或轻轻晃动车辆故障马上再现，拆下左前门中控锁电机，关上车门，用钥匙将车门锁上，发现只要轻轻一拍电机，四个车门中控锁电机就解锁。分析是电机内部电气故障，更换左前门中控锁，轻拍电机故障不再现。

⑤ 再次进行路试，故障又出现，此时拆下中控锁控制单元，只要轻轻晃动控制单元故障就会出现。

故障原因

四门中控锁自动弹起故障的可能原因如下。

① 左前门组合开关内部触点误触发，导致四门中控锁解锁。

② 左前门中控锁电机误触发。

③ 中控锁控制单元在锁车后向四个车门电机发出错误的开启信号。

④ 遥控器错误信号触发中控锁解锁。

⑤ 中控锁系统电气线路故障。

故障排除

更换中控锁控制单元。

相关提示

在维修过程中需要对可能发生故障的故障点逐个排除，确保一次性修复故障。

(2) 左前升降器不起作用

车型	新捷达	行驶里程	57264km

故障现象

左前升降器不起作用，其他车门升降器工作正常。

故障诊断

实际检测发现，升降器能升不能降，因为升降器处于最顶端，所以驾驶员报修时说不能升降。

故障原因

① 升降器开关故障。

② 线路故障。

③ 控制器 J386 故障。

④ 升降器电机故障。

故障排除

结合电路图（图 4-2-52），进行如下检查。

① 测量左前升降器开关的电阻值：下降时电阻为 10Ω，上升时为 2000Ω，如图 4-2-53 所示。

② 测量线路：从电机到 J386，从开关到 J386，电阻小于 0.3Ω，正常。

③ 测量电机：分别使驾驶员侧玻璃升降电机 V147 的 T5m/6 和 T5m/5 接地，升降器可

以上升和下降，判断升降器本身无故障。

④ 通过以上测量，故障应为 J386 故障，更换新的 J386 后，故障排除。

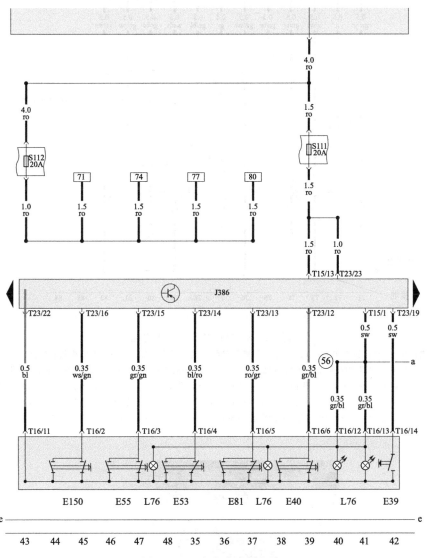

图 4-2-52　车窗升降器电路

E39—后车门玻璃升降器联锁开关；E40—左前门玻璃升降开关；
J386—中央门锁/电动窗控制单元；S111—电动窗升降电机供电保险

专用工具/设备

万用表。

(3) 空调偶发不制冷

车型	BS23J3	行驶里程	1703km

故障现象

全新捷达空调偶发不制冷，检查过程中发现两侧大灯有时亮度不一致（右侧大灯明显亮度不够），如图 4-2-54 所示。

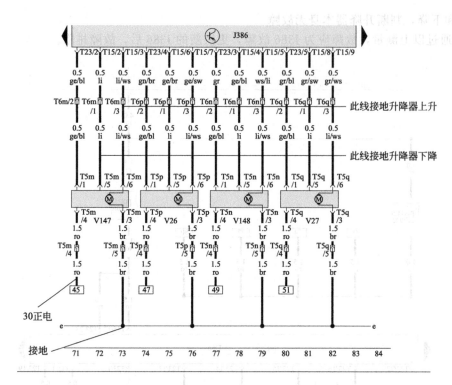

图 4-2-53　升降器开关电阻电路

J386—中央门锁/电动窗控制单元；V26—左后门玻璃升降电机；V27—右后门玻璃升降电机；V147—驾驶员侧玻璃升降电机；V148—副驾驶员侧玻璃升降电机；T5m—5 孔对接插头；T5n—5 孔对接插头；T5p—5 孔对接插头；T5q—5 孔对接插头；T6m—6 孔插头，插接驾驶员侧玻璃升降电机；T6n—6 孔插头，插接副驾驶员侧玻璃升降电机；T6p—6 孔插头，插接左后门玻璃升降电机；T6q—6 孔插头，插接右后门玻璃升降电机；T23—23 孔插头，插接中控锁/电动窗控制单元；T15—15 孔插头，插接中控锁/电动窗控制单元

图 4-2-54　左右大灯亮度对比

故障诊断

① 使用 VAS6150B 检测发动机有故障记忆；空调压力传感器有故障记忆；中央电器控制单元 J519 无故障记忆，如图 4-2-55 所示。

② 读取空调压力信号数据流，启动发动机不打开空调数据流，制冷剂压力为 17bar，如图 4-2-56 所示，启动发动机打开空调开关数据流如图 4-2-57 所示。

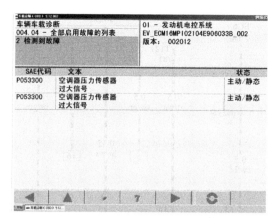 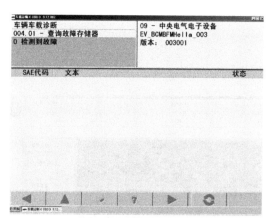

图 4-2-55　检查故障记忆码

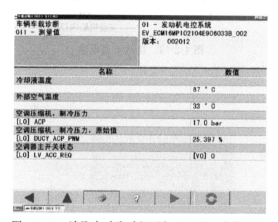 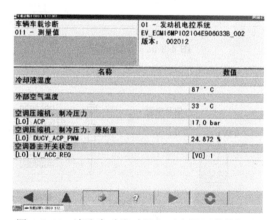

图 4-2-56　读取启动发动机不打开空调压力数据流　　图 4-2-57　读取启动发动机打开空调开关数据流

从数据流上明显看出，空调开关没有打开，空调系统压力达到了 17bar，根据空调系统制冷剂压力与环境温度的关系（表 4-2-3），当前压力约为 7bar。

表 4-2-3　空调系统制冷剂压力与环境温度的关系

环境温度/℃	制冷剂循环回路中的压力 （过压）/bar	环境温度/℃	制冷剂循环回路中的压力 （过压）/bar
−15	3.9	−30	6.7
−20	4.7	−35	7.8
−25	5.6		

注：1bar=0.1MPa。

测量故障时 G65 的波形如图 4-2-58 所示。

从数据流分析可能的故障原因是空调压力开关或压力开关线路故障。

③ 查看捷达空调电路图，如图 4-2-59 所示。

G65 T3/3-SC6 供电。

G65 T3/2-J623 T121/81 占空比信号线。

G65 T3/1-接地线，发动机舱内右侧接地点 13。

G65 信号传递原理如图 4-2-60 所示。

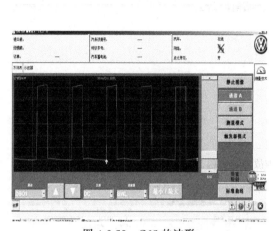

图 4-2-58　G65 的波形

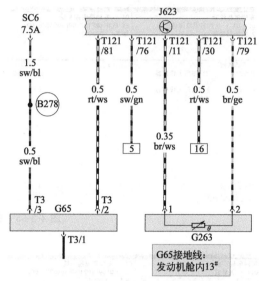

图 4-2-59　捷达空调电路

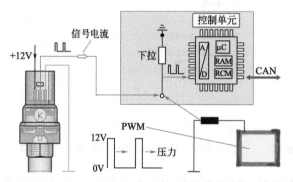

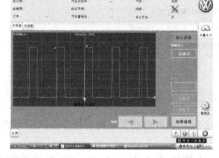

图 4-2-60　G65 信号传递原理

④ 根据电路图测量 G65 T3/3 供电电压为 12.7V，检查接地线发现接地线虚接，考虑到 13# 接地点有共用搭铁，右侧大灯灯光较暗，再次查阅右侧大灯电路图，右侧大灯接地点也是在 13# 号位置。

也可通过测量接地线导线电压降确定故障点。虚接部位有接触电阻，如果用电器导线存在电压损耗，用电器处的电压和电流将下降，用电器输出功率减少，电压损耗转化为故障位置处的热量。这也就是右侧大灯灯光较暗的原因，如图 4-2-61 所示。

故障原因

如图 4-2-62 所示，发动机舱内 13# 接地点（A）是右侧大灯和空调压力开关的公用接地点，由于接地点固定螺栓松动导致空调压力开关信号传递错误，空调偶发不制冷，同时右侧大灯接地线存在电压损耗，大灯处的电压和电流下降，大灯输出功率减少，亮度不够。

故障排除

处理发动机舱内 13# 接地线。

专用工具/设备

VAS6150B、万用表。

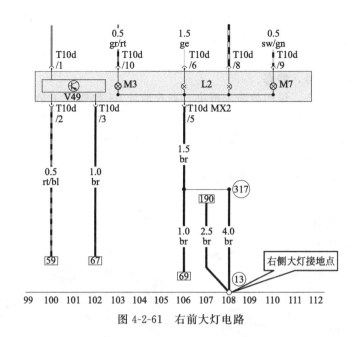

图 4-2-61 右前大灯电路

图 4-2-62 右侧大灯接地线

相关提示

车辆有多种故障现象时要认真分析找到共同点,掌握控制单元输入输出信号控制逻辑。

4.3 典型奥迪车系电气系统故障案例

4.3.1 奥迪 A4L 车系

(1) 空调有时不制冷

车型	A4L	发动机型号	CDZ	故障频次	偶尔
行驶里程	17798km	变速器型号	0AW		

故障诊断

① 检测地址 09 显示空调压缩机控制阀 N280 电路电气故障,偶发;检测地址 08 显示空调压缩机启动不正常信号,偶发。

进场检查时未发现空调不制冷,查看地址 08 数据块电流值正常,检查制冷剂加注量也正常,更换空调压缩机后交出一周故障再现。

② 检测地址 09 显示空调压缩机调节阀 N280 电路电气故障,静态;检测地址 08 显示空调压缩机启动不可靠信号,静态。

故障由偶发变为静态,说明故障未解决。查看地址 08 数据块 1 显示压缩机电流规定值为 0.685A,实际值为 0.000A,压力为 10bar。拔下压缩机电气插头测量,端子 1 与车身之间电压为 9.6V,端子 2 与车身之间电压在 1.2~2.9V 之间变动,属于不正常现象。可以判断故障在压缩机到 J519 的线束上。该线束经过左侧流水槽电控箱进到 J519,为了确定故障线束在哪段,于是拆下左侧流水槽电控箱,发现电控箱内进水,如图 4-3-1 所示。

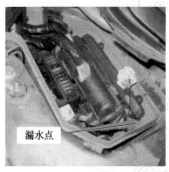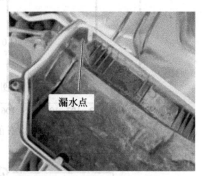

图 4-3-1　电控箱漏水点

电控箱进水后造成 T17r 白色插头端子 10、11、12 有腐蚀,短路在一起,造成电压不稳,如图 4-3-2 所示。

图 4-3-2　电控箱 T17r 白色插头

故障排除

清洁电控箱线束,更换电控箱密封垫。

(2) 打开点火开关车辆无反应,无法启动

车型	A4L 1.8TFSI	底盘号	LFV3A28K4B3053175	故障频次	一直
行驶里程	23000km	发动机型号	CCUA		

故障诊断

① 试启动发动机,未能启动,电机没有转动,点火挡正常,组合仪表中 ABS 灯点亮、胎压报警。

② 用 VAS5052 检测,发动机系统能够进入,无故障码。变速器和 ABS 系统有故障码

P185700 [47] 来自发动机控制单元的负荷信号故障信息。

故障导航提示，错误出现在发动机电子设备中的发动机转矩计算中。自动变速器控制单元 J217 接收到信息，将来自发动机电子设备的故障通过传动系统数据总线输入。检查发动机电子设备的故障存储器并修理输入的故障。

发动机系统无故障码，电机没有转动，检查 E415 至 J393 的点火开关信号 46-08-41 的 1～3 区，显示正常，检查 P/N 和制动灯开关信号是否传输到 J393，46-08-42 第 4 区显示正常。检查 J393 到 J623 的启动请求信号 T94/42，启动时，有 12V 电源输出。说明 J393 已将启动信号传输到了 J623，直接短接启动继电器，电机能够转动，但发动机未能启动。

在出现下列条件时，启动电机控制功能将中止。

a. 达到规定的发动机转速。

b. 检测到功率传输，即无 P/N 信号。

c. 电池电压低于最小值。

d. 发动机的机械阻碍。

e. 启动失败的次数超出临界值。

f. 超出了发动机启动中断时间。

查看发动机数据流有以下异常。

a. 气缸列 1 废气温度为 1～40.0℃。

b. 外部温度为 215℃。

c. 车速为 254km/h。

查看 ABS 数据流，车速为 0km/h，查看网关的 CAN 线传输状态，发动机控制单元进入休眠，而进入 02、03 显示发动机 CAN 线为 1。对发动机控制单元供电进行检查，发现 SB3 保险损坏。

> **故障排除**

更换 SB3 保险，如图 4-3-3 所示（箭头所指位置）。

> **相关提示**

发动机控制单元的供电保险烧断，为什么发动机系统能够进入，并且没有故障码，而其数据流又会有明显异常？这给维修方向带来了一定的误区，因此在故障诊断中，基础检查是非常重要的。

（3）有时按遥控开锁，前后车顶阅读灯、脚窝灯不亮

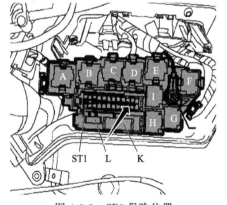

图 4-3-3 SB3 保险位置

车型	A4L 2.0T	底盘号	LFV3A28K5B3018452
行驶里程	18011km	故障频次	偶尔

> **故障诊断**

系统中没有电气故障，查找 TPI 没有相关信息。检查结果发现，当按下遥控器开锁键时，双闪灯亮起后应急灯开关不亮，说明该车 J393 未唤醒，检查 J533 没有异常，检查过程中发现仪表显示蓄电池电压过低报警，分析为蓄电池监控单元 J367 故障，按导航对空载电流切断等级进行检测，车内灯为切断等级 3，分析 J367 监控到空载电流过大（3 级）切断了，如图 4-3-4 所示。

> **故障排除**

更换蓄电池监控单元 J367，故障排除。

（4）右前 LED 日间行车灯不亮

车型	A4L	底盘号	LFV3A28K9C3034834	故障频次	一直
行驶里程	575km	变速器型号	0AW		

> **故障诊断**

使用 VAS6150B 读取车辆故障信息显示：09-车辆电气系统故障码 02898 ［右侧 LED 模块（图 4-3-5），日间行驶灯及侧灯激活，电路中有故障］，替换后故障依旧。查询 ELSA 电路图后，开启日间行车灯实测发现 J519 的 T17n/2 与右前大灯 T14b/12 无电压差。检查 J519 发现其内部进水，周围隔声棉同样存在大量水迹。查找挡风玻璃及天窗排水管均未见漏水点。使用泡沫在外部接缝喷涂，在车内吹压缩空气，发现车辆左前压力舱接缝处存在漏水点，如图 4-3-6 所示。

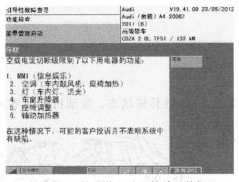

图 4-3-4　读取蓄电池监控单元数据

图 4-3-5　车辆电气系统模块 J519

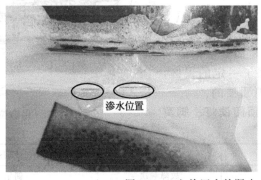

图 4-3-6　左前压力舱漏水点

> **故障排除**

更换进水的 J519，密封漏水点。

（5）娱乐系统没有声音

车型	A4L	发动机型号	CDZ	故障频次	持续
行驶里程	27000km	变速器型号	0AW		

故障诊断

用 VAS5052 检测发现音响控制单元无法达到，检测音响控制单元熔丝上的电压，发现为 12.5V，但是无法点亮带负载的试灯。说明为虚电，顺电路查找，发现离熔丝架不远处有一蓄电池正极火线的绞接点已被腐蚀，手一拉便断开。咨询客户得知，客户曾经用该车运海鲜时将海水洒在了车里绞接点的位置，造成线路腐蚀，如图 4-3-7 所示。

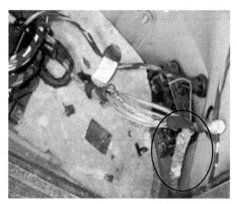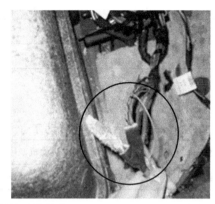

图 4-3-7 音响控制单元绞接点

故障排除

处理线路，清理海盐。

相关提示

音响控制单元缺少电源无法工作。

(6) 更换副气囊后故障码无法清除

车型	A4L B8	底盘号	LFV3A28K8A3008903	故障频次	静态
行驶里程	50959km	发动机型号	CDZ056331		

故障诊断

① 该车发生事故后需要更换副驾驶侧安全气囊，原车的副驾驶侧气囊是两个插头，但根据底盘号订回来的备件是一个插头的，咨询为什么，说是替换件关系（用底盘号 LFV3A 28K8A3008903 根据 ETKA 中查询需要订购 L8KD 880 204 A，订货时被 L8KD 880 204B 替换），如图 4-3-8 所示。

② 更换后故障码无法清除，显示乘客侧气囊引爆装置 2 电阻过高主动/静态，故障灯常亮。

图 4-3-8 新旧副气囊对比

③ 咨询时被告知需要把安全气囊控制单元与安全气囊同时更换，于是同时更换了气囊和气囊控制单元，但故障依然存在。

④ 找到一家和我们的需求正好相反，于是把备件互相对调。

⑤ 又来一辆 B8 事故车需要更换副驾驶侧安全气囊，订回来的依然是一个插头的，但原车是两个插头的。

⑥ 通过多次沟通终于得到生产厂家的答复，根据生产厂家的指导，问题解决。

凡更换奥迪 B8 副驾驶侧气囊，上面旧件零件号更换新件零件号的，同时必须更换新的气囊控制器，并且新件的气囊和控制器零件要互相匹配。新件尾号 L 和 B 匹配（表 4-3-1）。如果 B 气囊匹配 J 控制器，是不正确的，可能会出现问题。旧件换新件后，原车上多出的线束一端一定要用绝缘胶布固定在主线束上。

表 4-3-1 匹配关系

控制器	8K0 959 655 J	控制器	8K0 959 655 L
插接器	8KD 880 204 A	插接器	8KD 880 204B

4.3.2 奥迪 A6L 车系

（1）每次停车两天后就无法启动了

车型	A6L	发动机型号	BDW	故障频次	多次
行驶里程	63200km	变速器型号	01J		

故障诊断

① 经客户口述，每次停车两天后，发动机就无法启动了。后看到故障现象，原来是停车两天后，全车就没电了。

② 通过看现象，对车辆进行静电流检测。连接 VAS5051B 进行静电流的检测。检测发现静电流是 0.108A，几乎快超过了标准的 1 倍，存在着严重的放电现象。

③ 开始检测到底是哪个部件产生放电电流。逐步断开，排查各个控制单元。当断到 J525 时，静电流就降下来了。于是断定是 J525 出现问题，产生放电。

④ 由于涉及索赔，第一次没有存储下来。于是进行第二次测电流。这一次测得的结果竟然是正常的，没有超过额定电流。两次的结果不一样，于是又重新进行测量。在后来的测量中，发现 J525 不是总是放电，只要断一次电，它就不放电了。现在测得的静电流是正常的。如果多操作几次音响，让 J525 工作一会儿，这时再测，测得的静电流就不正常了。

故障排除

更换 J525。

相关提示

每当给 J525 断一次电，其故障就会消失，此时测得电流是正常的。当使用一会儿，故障再次出现，这时 J525 本身就会开始放电，此时测得的静电流也会是不正常的。在测量静电流时，对拿不准的一定要多测量几次，以免出现失误。

（2）右侧两门玻璃无法升降，两门内外都无法打开

车型	A6L 2.0T	故障频次	经常
行驶里程	7649km	变速器型号	GVC

故障诊断

车辆报修后，首先用 VAS505× 检测，发现以下控制单元存储了故障码：05-驾驶识别系统；19-数据总线诊断接口；42-车门电子控制装置；46-舒适系统中央模块。

故障为：舒适中央控制单元 J393 没有信号/不通信；门控制单元，前乘客侧 J387 没有信号/不通信；右后车门控制单元 J389 没有信号/不通信。

经仔细检查发现打右侧转向灯（后视镜）不亮，右侧小灯均不亮，右侧两门功能全部失效。根据导航要求，需检查右前门的 CAN 线状态是否正常，此时需要拆下门内衬，右侧门均无法打开。

维修人员断掉蓄电池负极，右侧两门突然均正常，此时故障码为间歇式，根据导航要求，检查熔丝、导线正常，控制单元供电搭铁均正常，CAN 线通信正常，如图 4-3-9 所示。

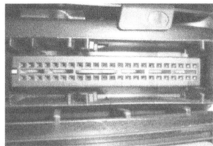

图 4-3-9　排查熔丝和导线

经查线束插头，控制单元无进水锈蚀迹象，C6PA 车 J387 与后门 J389 是 LIN 线关系，其前门控制单元有故障，则会影响后门的功能，试着更换右前门控制单元，与客户达成协议，客户继续试车观察。

不到一周故障重现，在检测时测量前门控制单元 J387 供电时，车辆功能又一切正常。由于有座椅电机导致座椅控制单元损坏的 TPI 文件，推测此车玻璃升降电机在运行时，其电流瞬间过大，控制单元自我保护，更换右前门玻璃升降电机后继续跟踪观察，车辆行驶一个多月一切正常。

相关提示

偶发性故障带有很大的偶然性，对于此种故障由于发生故障时间不确定，必须与客户沟通好，一同试车观察。

（3）车辆电气系统漏电

车型	A6L 2.4L	发动机型号	BDW	故障频次	经常
行驶里程	53000km	变速器型号	01J		

故障诊断

用 VAS5052 检测，有断电级别 6 产生，读取历史数据，有总线不能睡眠信息。蓄电池充电后锁车观察车辆睡眠指示灯，40min 后不能睡眠，静电流为 3.2A。于是依次拔下各保险盒处保险，当拔下收音机或音响系统保险时，VAS5052 静电流为 0.93A，不到 1min，系统进入睡眠模式，静电流为 10mA。

由于光纤系统拔下其中任一控制单元保险，整个系统均不工作，很难确定故障出在哪个控制单元上，又由于 VAS6186 需要外接电源，因此用 VAS6186 不能替代控制单元进行检查。用一光纤短接头（4E0 973 802，如图 4-3-10 所示）依次替代光纤系统控制单元（J523 最后被替换），当替换掉 J523 时，静电流完全正常。检查 J523 操作面板，无进水，且正常。

故障排除

更换 J523。

图 4-3-10　光纤短接头

> **相关提示**

光纤短接头（4E0 973 802）是一用处很广的工具，光纤系统故障如有时声音时断时续，有时黑屏等疑难问题均可用其排除故障，而且线束中的光纤损坏也可用其修复，省去了EL-SA中要求更换整个线束的情况，降低了维修成本，并大大缩短了维修时间。

(4) MMI打不开或打开后马上黑屏，MMI操作面板全红

车型	A6L 2.4L	故障频次	一次	行驶里程	70000km

> **故障诊断**

故障可能的原因如下。
① MOST总线中有控制单元损坏或控制单元电气故障。
② 光纤本身故障。
③ MMI操作面板故障。
④ 诊断线故障。
故障诊断步骤如下。
① 使用诊断仪检查发现所有控制单元都无法到达。
② 使用网关功能进行环路断路检查，结果环路正常，收音机控制单元有电气故障。
③ 对收音机控制单元的供电为12.3V，搭铁正常，诊断线12.5V正常。询问客户后，得知这个故障半年前出现过，并为此更换过收音机。
④ 更换收音机后发现故障仍然存在。排除了收音机故障的可能性。随后对其他控制单元也都——更换尝试，依然无法排除故障。
⑤ 重新整理思路，针对诊断仪提示的收音机有电气故障再次分析。将收音机的供电线直接连接蓄电池。MMI系统功能恢复正常。由此可见收音机的供电为虚电压。查看收音机供电线，发现熔丝处的插脚松动，如图4-3-11所示。

> **故障排除**

处理线路。

(5) 安全气囊报警

车型	A6L 2.4L	发动机型号	BDW	故障频次	一直
行驶里程	23800km	变速器型号	01J		

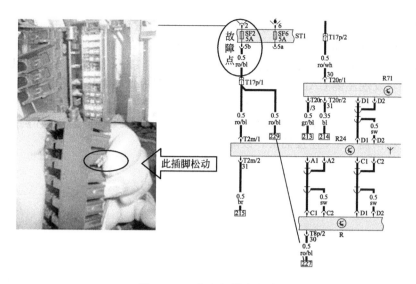

图 4-3-11　收音机供电电路
R71—CD 播放机；R24—天线放大器；R—收音机

> **故障诊断**

　　VAS5052 检测驾驶员侧气囊引爆装置 N199 故障，经检查为 N199 在座椅下的插头故障。此故障多属于人为故障，都是在包真皮座椅后出现插头损坏导致气囊故障，如图 4-3-12 所示。

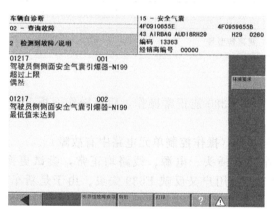
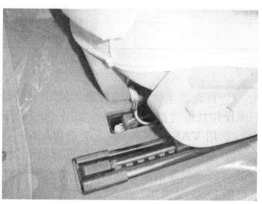

图 4-3-12　侧气囊引爆装置 N199

> **故障排除**

　　处理线路插头。

（6）锁车后放电电流超过 3.1A，各个系统都无法进入睡眠状态

车型	A6L 2.4L	发动机型号	BDW	故障频次	静态
行驶里程	52000km	变速器型号	CVT	—	—

> **故障诊断**

　　① 启动发动机，用 VAS5052 进入自诊断检测，发现自诊断界面不停闪烁。在闪烁过程中空调控制单元 J255、电源管理控制单元 J644 会出现"无法到达"故障。相关舒适总线系统都显示"舒适系统单线运行"。

② 根据故障现象首先怀疑空调系统 J255 和 J644 有故障，分别断开 J255 和 J644 后诊断，自诊断界面不再闪烁，但还是有舒适系统单线运行故障。

③ 用 DSO 在 VAS1598/38 上测试舒适 CAN 线时，High 线正常，Low 线断路。当拔下总线插头时，发现左侧 CAN 连接接头 14 号针脚处有焊点轻微熔化，拔下右侧 CAN 线连接头检查，和左侧相同，都在 14 号针脚处断开，如图 4-3-13 所示。查询 ElsaWin 显示左侧是空调系统 J255 的 CAN 连接点，右侧是电源管理 J644 的 CAN 连接点。怀疑连接点短路造成故障，试更换两侧 CAN 连接插头，故障排除。

图 4-3-13　仪表台两侧总线插头

(7) MMI 系统后部操作面板 E639 失灵

车型	A6L 3.0TFSI	底盘号	LFV6A24GXC3002778
行驶里程	37km	变速器型号	0B5

故障诊断

① 首先试车确认故障现象，MMI 能正常打开，E380 能正常操作，后部操作面板 E639 不能操作且按键指示灯不亮，如图 4-3-14 所示。

② 用 VAS505X 检测 5F 有故障记忆［00658 012（操作控制单元电路中有故障）］。

③ 根据故障导航提示检查控制单元及操作面板插头、电源、线路均正常，尝试更换 E639，故障现象消除，这时把车交给用户，没开多远用户又反映 E639 失灵。由于是新车，不可能 E639 又损坏，于是又检查了一遍线路还是未见异常。尝试更换 J794 后故障消除，反复试车故障也未再出现，如图 4-3-15 所示。

故障排除

更换 J794 MMI 控制单元。

(8) 组合仪表背景照明不亮

车型	A6L 2.0 T	发动机型号	LFV3A24F5C3010507	故障频次	一直
行驶里程	7km	变速器型号	MCR		

故障诊断

① 维修人员在进行 PDI 时检查发现组合仪表背景照明不亮，如图 4-3-16 所示。

② 用 VAS5052 检查发现 17-仪表板有故障码，如图 4-3-17 所示。

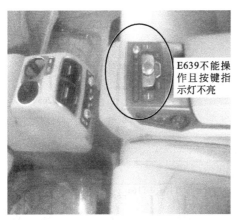 

图 4-3-14　不正常 E639 操作面板　　　图 4-3-15　正常 E639 操作面板

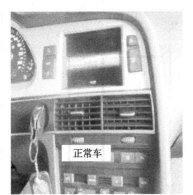 

图 4-3-16　正常车与不正常车组合仪表背景照明对比

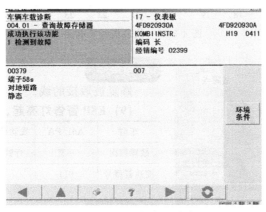

图 4-3-17　读取仪表板故障码

③ 根据电路图获知 58s 是从组合仪表上出来的，其中相连的控制单元有空调出风口照明、开关照明等，如图 4-3-18 所示。

④ 可能出现的原因有组合仪表、开关照明处及其线路上。经过反复查找和分析，对不亮的开关及按钮逐一拔下，当拔下空调出风口的插头时所有背景照明功能恢复正常了，说明故障出在空调出风口照明处，如图 4-3-19 所示。

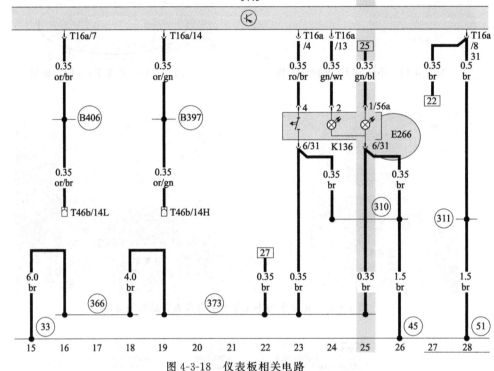

图 4-3-18 仪表板相关电路

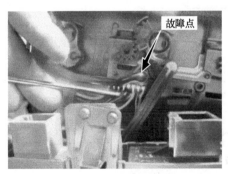

图 4-3-19 故障插头

故障排除

修复被短接的线。

（9）ESP 警告灯亮起，胎压监控功能失效

车型	A6L PA	发动机型号	LFV5A24F7B3107182
故障频次	一直	行驶里程	4194km
变速器型号	01J		

故障诊断

VAS6150B 诊断 J104 控制单元报故障码 00287（右后轮速传感器失效），根据数据流观察右后轮数据正常。检查右后轮速传感器至 J104 之间的线路，阻值与电压值均正常。尝试将右后轮速传感器与试驾车调换，故障依旧，拆检并清洗右后轮速传感器和轮毂之后，故障仍未排除。重新整理思路，仔细对比电路图后发现实车线路与 ELSA 有区别，于是在 ELSA 中选择 4F2→05 车型，查找电路图，发现原来 J502 与 J104 之间有 4 根数据线共享 4 个轮速传感器的信息，根据电路图重新测试线路，发现左侧 A 柱下粉红色插头 T17e/8 针脚断路，正是 J104 与 J502 共享的右后轮速传感器信号线，如图 4-3-20 所示。

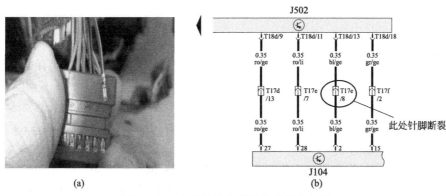

图 4-3-20 右后轮速传感器信号线和电路

故障排除

修理 T17e/8 针脚。

相关提示

09 PA 的 J104 控制系统与 09 PA 之前的 C6 有很大区别，J502 依然存在，但是控制方式有所区别，线路更改较大，ELSA 查找电路图时，要选对车型，否则会走弯路。

4.3.3 奥迪 A8 车系

（1）车辆停放一段时间后无法启动

车型	A8L 6.0L	发动机型号	BTE	故障频次	偶尔
行驶里程	15087km	变速器型号	09E		

故障诊断

① 首先对车辆蓄电池及发电机进行测量，检查均无异常。

② 对车辆进行静电流测试，停放约 40min，放电电流降至 0.01~0.03A，在正常范围内。于是怀疑是客户误操作造成车辆出现放电现象。建议车主将车辆放在站内进行观察。将车辆锁好后每天进行静电流测试。当测量到第三天时车辆突然无法启动了。于是将旧蓄电池拆下换上新的蓄电池进行测量，发现车辆上锁约 1h 彻底休眠后会被突然唤醒。电流上升到 8A 左右然后继续下降到休眠状态再被唤醒。

③ 查找故障原因。逐个断开各控制单元供电，当断开 J525 后再进行测量故障现象消失。

④ 将 J525 电源断开及光纤接口断开用光纤转接头将其转接，让车主试用车辆。已一个多月没有再次出现故障。

故障排除

建议更换数字音响控制单元。

相关提示

由于此车是新款 6.0，采用的是 B&O 音响，出现故障唤醒时造成有 8.0A 的唤醒电流。

(2) 仪表显示故障

车型	A8L	发动机型号	BBJ	故障频次	经常
行驶里程	160000km	变速器型号	01J		

故障现象

仪表有时会显示室外温度为-20℃，或者与实际温度相差很大，同时伴有空调不制冷的情况出现。

故障诊断

① 检测 17-仪表控制单元和 08-空调控制单元都没有故障记忆，读取 08-08-02 看空调的当前关闭条件显示全部为 0。

② 试车时也正常，后来偶尔出现温度下降，以 0.5℃ 的变化下降。一直到-15℃ 就不变了。这时读取数据块 17-08-02 第 4 区显示-15℃。17-08-04 第 2 区显示 33℃，08-08-18 第 4 区显示 33℃，说明仪表读取的外界温度传感器有误差。而从 08-空调控制单元接收的数据是准确的。

③ 检查外界温度传感器外部无损伤，试换新的传感器，故障不能排除。测量 G17 车外温度传感器 2 针脚到仪表的电阻为 0.2Ω，搭铁点也正常，试换新的仪表故障一样。检查针脚没有异常情况，但还是外接了，也一样。后来把 G17 的 1、2 针脚互换发现好了。再次测量搭铁线发现电阻为 26Ω，怀疑有虚接。将 G17 车外温度传感器的 1、2 针脚重新外接且互换，试车未发现故障。让客户试车等待反馈。

(3) 雨刮器打到自动挡时不灵：有时雨大时不快，雨小时却很快

车型	A8L	故障频次	一直	行驶里程	77415km

故障诊断

用 VAS5052 检查没有故障码，用洗车机喷水试测故障现象时发现故障确实存在。怀疑是雨量传感器和挡风玻璃上贴的透明胶有问题，试更换后用洗车机喷水发现故障还是存在。重新询问用户故障的一些细节，客户说是在上次发动机进水大修后故障就一直存在。根据此信息对所有关于大修需要涉及的维修部位进行检查，没有发现任何问题。反复进行喷水测试，刚好在洗车场也有一辆 A8L 在洗车，无意中发现两部车同时刮水时，故障车辆上的雨刮片不能刮到雨量传感器相应的挡风玻璃处，而另一辆正常的车就可以刮到传感器。这时才发现雨刮臂左右存在问题。在下大雨时，雨刮器在刮水刚开始很快而传感器上面的水没有被刮掉，光线折射的量小了，刮水的速度就变慢了。反之下小雨的时候光线折射变多了，刮水的速度就快了，如图 4-3-21 所示。

图 4-3-21 雨刮臂故障

故障排除

左右对调雨刮臂。

相关提示

A8 的雨刮臂左右都可以安装,基本看不出问题来。安装时一定要注意。

(4) 自适应定速巡航不能使用

车型	A8L	故障频次	一直	行驶里程	56553km

故障诊断

用 VAS5052 检测有 ACC 角度偏差导致不能使用,要求进行校正。按提示进行校正,在校正时进行调整,VAS5052 提示往左转动调整螺钉 1.5 圈,一会儿又提示往右转动调整螺钉 1 圈,这样来来回回做了十几次就是无法确定雷达传感器的正确位置,校正过去数据是错误的。反复做了几次的校正都没法完成。决定对所有关于 ACC 的维修资料进行重新分析,在看到维修资料的最后有介绍如车辆有撞伤更换前杠内骨架需要进行校正 ACC,立即检查车辆,发现左前杠有轻微碰伤,便决定拆检前杠检查,结果发现螺钉有松脱。对其重新安装固定进行校正,故障排除,如图 4-3-22 所示。

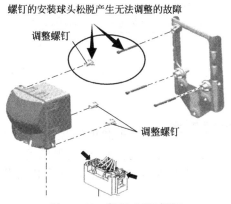

图 4-3-22 紧固 ACC 螺钉

(5) 收音机 CD 播放时有停顿

车型	A8D4	底盘号	WAURGB4H8BN007599
行驶里程	12851km	故障频次	一直

故障诊断

在收音机或 CD 播放 20min 后故障出现,使用 VAS6150B 读取故障码发现 5F 内有光纤断路偶发故障,使用引导性故障查询进行光纤回路诊断正常,在检查的过程中发现后座椅娱乐系统无法使用,自诊断后座椅娱乐 J829 无法到达,检查 J829 SF3 T6 熔丝正常,检查接地线正常,更换 J829 故障排除。

相关提示

光纤间歇性断路。

(6) 车辆漏电

车型	A8 D3	故障频次	静态	行驶里程	15km

故障诊断

① 客户反映该车事故维修后经常出现缺电的现象。静电流检测后发现电流为 0.8~0.9A,通过拔保险的方法查找故障点,但是熔丝全部拔完后故障还是依旧(拔保险的方法是拔一个,查看是否有问题后再插上去)。

② 整理思路后从蓄电池出发,查看电路图,通过拔行李厢右侧主熔丝来缩小范围,当断开 2A 螺钉时故障消除。查看与 2A(S132)相连的线路,发现基本都是 MOST 总线上的用电器,检查信息娱乐上的用电器,发现 J401 内部的灯总是亮着,此时已把故障点缩小到 MOST 系统上。

③ 当把 J401 保险拔掉后故障依旧，询问客户，由于收音机损坏，已把收音机短接。这时，查看收音机线路，光纤已短接，但供电插头没有断开，拔下供电插头，把 J401 复原后故障排除。

相关提示

由于收音机 MOST 已短接，但供电没有断开，导致系统识别给收音机连续供电，MOST 系统也无法停止，导致了漏电。

(7) 大灯、转向助力、喇叭、雨刮器、前排室内灯不可用

车型	A8L	底盘号	WAURGB4H2CN026845	故障频次	一直
行驶里程	23km	变速器型号	NCJ		

故障诊断

初步检查发现车载电网控制单元 J519 的 20A 熔丝损坏，更换上新熔丝后马上又损坏，用万用表检查 J519 供电保险均正常，检查故障码 09 控制单元电气电路故障断路静态，于是判断供电控制单元存在内部搭铁。更换新的供电控制单元后，所有功能均恢复正常。

汽车使用两天后故障再现，判断不是由供电控制单元引起的故障，检查 J519 所有的供电线路，检查到室内灯褐色搭铁线时，无搭铁信号，存在断路现象，当检查到化妆镜灯的搭铁线处发现有裂口现象，由此可判断在新车装配过程中搭铁线被化妆镜挤压过。重新包扎搭铁线后，再次读取故障码 09 控制单元电气电路故障断路偶发，清除故障后，所有功能均恢复正常。

(8) 车门无法打开

车型	A8L	发动机型号	BFM	故障频次	静态
行驶里程	80987km	变速器型号	09L		

故障诊断

① 因客户有几个星期没有用车，怀疑是蓄电池没电才引起的故障，所以用钥匙机械打开行李厢，用"过江龙"给客户车辆过电，着车后将车辆开回厂进行漏电检测（注意，A8 的车门如果用遥控器锁门，当蓄电池没电时，机械钥匙是无法打开车门的）。

② 用 VAS5052 检测时，未发现相关的故障码。放电测试时有 1.05A 的放电电流，大大超出了标准范围。

③ 咨询客户，此车未加装任何设备。凭以往经验判断，电话控制单元自放电的情况相对比较多，意外地发现，当车辆进入睡眠状态后，车载话机一直处在打开充电状态。

④ 当把车载话机摘除掉时，放电测试只有 0.03A 的放电电流，在标准范围内，故障排除。

4.3.4 奥迪 Q5 车系

(1) 转向锁止功能失效

车型	Q5 2.0T	故障频次	一直
行驶里程	75000km	变速器型号	0B5

故障诊断

该车熄火后转向盘无法锁止，J393 中有故障码，ESL 的锁止条件未满足。检查转向柱锁止条件，即点火钥匙已拔下，车门已打开，点火装置必须为关闭状态，接线端 S 无法识别，汽车必须处于静止状态等条件均能满足，但故障依旧。根据 SSP393 中描述的原理，即条件满足后由 J519 和 J393 分别通过各自的专用信号线同时向转向柱 J764 发出一电压信号，随后 J764 执行转向柱锁止动作。于是检查 J519 和 J393 与 J764 间的导线状态，如图 4-3-23 所示。

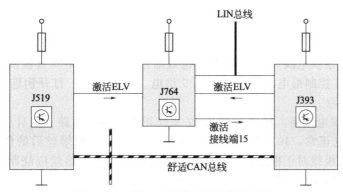

图 4-3-23 检查三元件之间的故障导线

故障排除

用 1527 试灯检查 J519 和 J393 到 J764 的信号，发现 J764 没有接收到 J519 的信号，检查导线，发现 J519 到 J764 间的导线断路。

修复断路的信号线后故障排除。

（2）电热杯架无功能，操作制冷和加热按钮，工作指示灯不亮

车型	Q52.0L	发动机型号	CDN
行驶里程	600km	故障频次	一次

在操作按键 A 和 B 时，工作指示灯不会亮起，电热杯架不会工作，如图 4-3-24 所示。

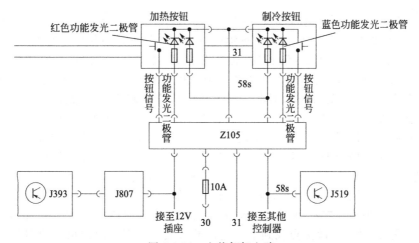

图 4-3-24 电热杯架电路

J393—舒适系统中央控制器；J519—车载电网控制器；Z105—可加热的饮料托架；J807—插座继电器

故障诊断

因电热杯架无功能，首先想到培训内容里有以下几点。

① 在断电等级 2 情况下将不能再激活。
② 电热杯架是一个自我工作系统，没有放入诊断层面之下控制。
③ 电热杯架通过继电器进行电源供应的释放。
④ 制冷/加热运用的是珀尔帖效应原理，通过珀尔帖元件实现。

用 VAS5052 检查自诊断 46-J393，读数据块 01，第 4 组显示 0000（没有切断等级被激活）。

自诊断 46-J393 内有电气故障——玻璃破碎传感器故障，和本故障现象无关，然后根据电路图进行分析（图 4-3-24）。

电热杯架有两条供电线，一条 30 号供电线通过一个 10A 熔丝直接供电。另一条 15 号供电线，通过 J393 控制继电器 J807 给 Z105 供电。实践测量，打开钥匙后，J807 就工作，Z105 就有 15 号电源。

检查 Z105 的供电线路，15 号线路 J807 工作正常，输出电路 8 号针脚有电，接地线正常。30 号线路供电正常，10A 熔丝完好。拔掉 10A 熔丝测量熔丝后的供电线路，竟然有 12V 电压，以为正极线对正极短路或者 Z105 有反供电现象（熔丝应烧断，无法解释），找一辆商品车对照，熔丝后没有电压，后来这种现象又没了。

猜想电热杯架内部损坏，尝试更换一个，故障依旧。把故障车的电热杯架装到商品车上，完好，Z105 没有问题。

接着测量电热杯架的 4 芯电插头 T4AV，1 脚 30 号供电线正常，J807 控制的 15 号线第 3 脚没有电，因 8 脚有电，所以认为此供电线中间有断路或中间接点 B282 松脱。

假如 B282 松脱，那么就会导致 U18/U5/U19/U1 也没有正极电，结果测量得知 U18/U5 没有正极电，U19/U1 有正极电。检查 U18/U5 的供电保险，结果是断路，重装新 15A 熔丝，试车，Z105 供电正常，工作指示灯亮起，故障排除。

（3）仪表显示转向锁止系统故障，无法启动车辆

车型	Q5 2.0T	故障频次	偶尔	行驶里程	1254km

故障诊断

通过 VAS5052A 诊断仪进行故障查找，发现驱动总线上所有控制单元无法进入。首先分析 J393 是如何接通 15 号线和转向柱解锁的过程。如果舒适系统中央控制单元 J393 接收到接线端 15 的请求信息，那么必须在接通接线端 15 之前检查转向柱是否成功松开。过程是，收到接线端 15 的请求信息后，舒适系统中央控制单元 J393 立即通过 LIN 总线向电子转向柱锁控制单元 J764 发出询问请求。如果转向柱成功解锁，该信息将通过离散导线将"接线端 15 接通使能"传递给控制单元 J393。在 ELV 非锁止期间，启动信号导线始终保持激活状态。接收到允许指令后，舒适系统中央控制单元 J393 将控制接线端 15 的继电器接通。通过以上分析，检查 J393 及 J764 的供电及接地均正常，检查的范围缩小到了 J393 及 J764 之间的信号传递，它们之间信号线有三根，一根是 $0.35mm^2$ 的 LIN 线，一根是 $0.35mm^2$ 的 ELV 使能，一根是 $0.75mm^2$ 的 15 使能，检查 J393 及 J764 的插头均正常，测量通断正常。这三根线在左右 A 柱都有插头连接，在检查右侧 A 柱插头时发现 T17g 插头有氧化痕迹（图 4-3-25），故障点找到了。进行淋水试验发现右前线束在副驾驶员位置处密封不好有漏水点（图 4-3-26）。

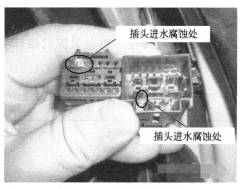
图 4-3-25 插头进水腐蚀

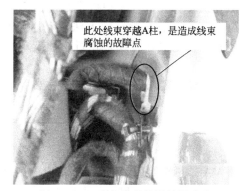
图 4-3-26 副驾驶员位置处漏水点

故障排除
修理线束插头，处理线束密封。

（4）EPC 灯、OBD 灯、手刹灯、防滑灯报警

车型	Q5 2.0T	底盘号	LFV3B28R4C3063426	故障频次	经常
行驶里程	2225km	变速器型号	0BK		

故障诊断
① 首先用 VAS5052A 诊断，01 里面有以下故障记录。
a. 空气流量传感器 G70 信号太大-被动/偶发。
b. 空气流量传感器 G70 信号太小-被动/偶发。
c. 空气流量传感器 G70 供电电压-被动/偶发。
d. 增压器至节气门连接压力下降-主动/静态。
02 里面有发动机转矩信号-主动/静态故障记录。

② 针对以上静态故障记录，分析可能是进气侧有泄漏，检查涡轮增压器至节气门的管路，中冷器及进气歧管没有漏气，读取进气压力数据块正常。

③ 检查空气流量传感器 G70 的线路，测得 3 号针脚是电池电压，2 号针脚与地线导通，当检查到 1 号针脚时发现电压不正常，有时断时续、接触不良的现象。把插头针脚拆开发现针脚和导线间断开，造成空气流量传感器 G70 信号不稳定，如图 4-3-27 所示。

故障排除
修复空气流量计 G70 线束插头 1 号针脚。

（5）车辆偶尔停车 5min 后无法启动，且全车无电

车型	Q5	底盘号	LFV3B28R5C3008807
故障频次	偶尔	行驶里程	5259km
变速器型号	0BK		

故障诊断
诊断仪检测到 01 发动机系统存在 4629 P068A00（主继电器断开太早偶发）故障码，查询 ELSA 系统无相关 TPI，根据故障引导测试计划显示 J271-Motronic 电流供给继电器，接线柱 87 故障，于是依照

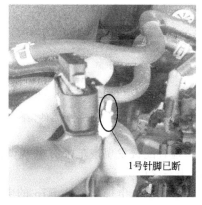
图 4-3-27 空气流量传感器插头

电路图查找,首先检查发动机主继电器 J271 没有发现烧蚀或接触不良现象,即使继电器出现电气故障,最可能车辆无法启动,不可能瞬间组合仪表指示灯全灭,全车无电,于是开始查找蓄电池连接线,在行李厢发现蓄电池负极搭铁线虚接,重新紧固后跟踪一周,故障排除。

(6) 车辆放置几天后无电,无法启动

| 车型 | Q5 | 故障频次 | 多次 | 行驶里程 | 11461km |

故障诊断

用 VAS5052 诊断相关控制单元均存在故障码(图 4-3-28)。

按照一般的诊断流程,首先检查车辆有无加装电气设备,未见有加装情况;询问客户相关使用情况,用户反映该车买回去后就有这种情况,就是不用车,放几天也就没电了,有时是放两天就没电了;读取网关历史数据,判断并不是使用不当引起的,通过历史数据发现静态放电电流一直有 0.3A 左右,利用 VAS5051 测量车辆静态放电电流情况,也是存在 0.3A 左右的电流,如图 4-3-29 所示。

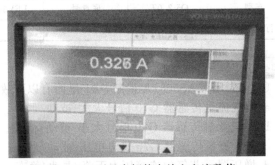

图 4-3-28 读取相关控制单元故障码   图 4-3-29 测量车辆静态放电电流数值

由此判断,应属车辆内部故障,读取网关总线激活及睡眠情况,未见异常,如图 4-3-30 所示。

重新整理思路并进一步检查,发现一个故障现象,如图 4-3-31 所示。

图 4-3-30 读取相关元件情况   图 4-3-31 读取异常故障码

检查配置发现该车带有电视调谐器,但是在 MMI 媒体播放列表中没见到有电视显示(图 4-3-32)。

尝试拔去电视调谐器 R78 的电源并再次用 VAS5051 测量车辆静态放电电流情况,如图 4-3-33 所示。

车辆静态放电电流恢复正常,由此可以判断,该车的故障为 R78 引起放电,尝试对车辆进行断电并装复后,检查在 MMI 媒体播放列表中依然没见到有电视显示,MMI 重启后故障依旧。

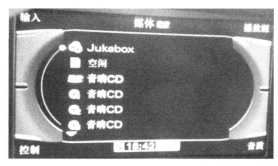

图 4-3-32　查看相关媒体应用

 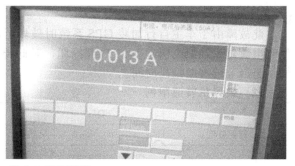

图 4-3-33　拔去电视调谐器

故障排除

更换电视调谐器 R78。

4.3.5　奥迪 Q7 车系

(1) 两个尾灯切换功能失效

| 车型 | Q7 3.6L | 故障频次 | 经常 | 行驶里程 | 36421km |

故障诊断

故障出现时左尾灯工作正常,右尾灯无法切换(图 4-3-34)。从车主处得到信息,该车加装 GPS 后右尾灯就无法切换。通过这一信息,检查其加装的线路,但是从控制单元到尾灯处的线路一切正常。

因想到尾灯是 J393 来控制的,而且看到控制处的线路有破开痕迹,仔细检查是供电线 30 端子被破开加装了 GPS 系统,可能加装的线路造成 J393 的供电电压不足引发故障,于是断开加装线再次观察右尾灯的工作状况,结果一样,如图 4-3-35 所示。

断开 GPS 系统的供电线后右尾灯依然不能正常转换,J393 发生故障的可能性最大,调换新的 J393 进行编码后右尾灯工作正常。

故障排除

更换 J393。

图 4-3-34　右尾灯切换失效

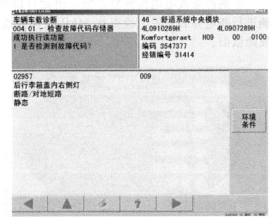
图 4-3-35　查看断开加装线后右尾灯相关情况

相关提示

此故障由于车主自行加装 GPS 系统时破坏了原车线束中 J393 的供电线，加装的系统工作时电流过大或漏电引起 J393 内部损坏，对此类故障进行维修时建议从用户处了解更多车辆信息以节约诊断维修时间。

(2) 鼓风机转速限制

车型	Q7	发动机型号	BHK
行驶里程	30000km	故障频次	一直

故障诊断

鼓风机在着车十几分钟后风速被限制到最大 8 级，过几分钟限制到最大 6 级，1h 后鼓风机停转，熄火重新着车后，故障消失。在有故障时检测有故障记录：车辆电气系统处于危机状态造成新鲜空气鼓风机转速下降。根据功能引导提示检查鼓风机及控制器，更换后故障依旧。检查线路，测量鼓风机供电电压均正常。试着更换空调控制面板，故障依旧。重新整理思路，看故障现象，每次都是 8 级、6 级然后就停止，是有规律的切断。能够切断鼓风机的元件为能源管理器。

查看数据流 21 组，怠速提升总是显示 2 级。在蓄电池电量不足时，能源管理器会提高怠速，增加充电量。怠速提高总是显示 2 级，说明蓄电池现在电量不足，但蓄电池刚更换过，损坏概率不大。查看数据流 19 组蓄电池的状态，发现蓄电池总保持在 10% 的状态（图 4-3-36）。因为是 J367 给能源管理器提供蓄电池状态信息，所以怀疑 J367 损坏。

故障排除

更换 J367 后，各项数据恢复正常。

(3) 后空调操作面板无法操作

车型	Q7 3.6 L
故障频次	多次
行驶里程	3000km

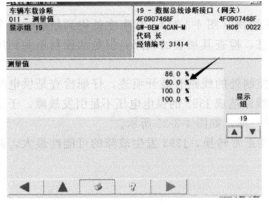
图 4-3-36　鼓风机相关数据查询

故障现象

该车在提完新车回家后，后空调调节无法操作。只有温度显示，而前部可操作后空调的温度调节，该车刚贴过太阳膜。

故障诊断

用 VAS505X 检查，发现后空调操作无故障记录，以前遇到过类似后空调无法调节，但有故障记录。考虑是新车，没有对空调面板进行拆检。咨询此车型没遇到过此故障。随即对说明书进行阅读，发现其中有一句话：当电动儿童门锁起作用时，后空调会出现无法调节。对左前门升降组合开关进行检查发现后儿童锁按钮按下（灯亮起），因为此车刚贴过太阳膜，此开关由粘贴标覆盖，所以开始给予忽略，开启开关，后部空调调节正常，如图 4-3-37 所示。

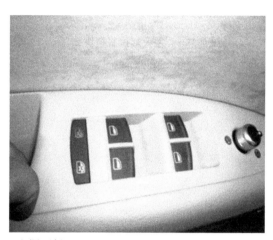

图 4-3-37　空调面板

相关提示

在工作中对车型的说明书应仔细阅读，可避免此问题发生。

（4）大灯在 AUTO 挡上无自动功能，仪表有故障报警

车型	Q7	发动机型号	BHK
行驶里程	80700km	故障频次	一直

故障诊断

用 VAS5052 检测有故障码 3797（左大灯电源模块 2 无信号/通信），进行故障导航，显示结果是请查阅 TPI 2023429/1。经查阅 TPI，让用 SVM 码 55A001 对其进行升级，升级完成后并重新编码和进行基本设定。按照 TPI 要求，完成相关工作后故障依旧。

在尝试对左、右大灯电源模块 2 进行互换的过程中，发现左大灯电源模块 2 内有"哗啦、哗啦"的异常响声。打开大灯电源模块 2 后发现有一组弹簧铁丝。与客户沟通，客户说近一段时间左大灯无近光，打开大灯后侧端盖，发现左大灯远/近转换遮光板弹簧损坏。由此可以确定在左大灯电源模块 2 中的弹簧应该就是遮光板上的。由于金属物质进入左大灯电源模块 2 内造成内部电路短路，损坏控制单元，如图 4-3-38 所示。

故障排除

更换左大灯及左大灯电源模块。

相关提示

因插头处间隙过大并且间隙口朝上容易导致小异物进入,如果是金属物就容易发生短路现象损坏控制器,建议此处进行改进,如图 4-3-39 所示。

图 4-3-38　左大灯控制模块 2

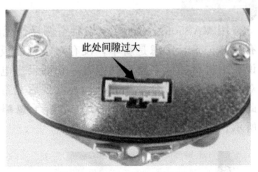

图 4-3-39　插接件间隙过大